Palabras Fuertes de Mujer

Palabras Fuertes de Mujer

María Morales

Copyright © 2017 por María Morales.

Número de Control de la Biblioteca del Congreso de EE. UU.:		2017916780
ISBN:	Tapa Dura	978-1-5065-2272-2
	Tapa Blanda	978-1-5065-2271-5
	Libro Electrónico	978-1-5065-2270-8

Todos los derechos reservados. Ninguna parte de este libro puede ser reproducida o transmitida de cualquier forma o por cualquier medio, electrónico o mecánico, incluyendo fotocopia, grabación, o por cualquier sistema de almacenamiento y recuperación, sin permiso escrito del propietario del copyright.

Las opiniones expresadas en este trabajo son exclusivas del autor y no refle-jan necesariamente las opiniones del editor. La editorial se exime de cualquier responsabilidad derivada de las mismas.

Los nombres han sido cambiados para proteger la identidad de sus verdaderos protagonistas.

Información de la imprenta disponible en la última página.

Fecha de revisión: 26/10/2017

Para realizar pedidos de este libro, contacte con:
Palibrio
1663 Liberty Drive
Suite 200
Bloomington, IN 47403
Gratis desde EE. UU. al 877.407.5847
Gratis desde México al 01.800.288.2243
Gratis desde España al 900.866.949
Desde otro país al +1.812.671.9757
Fax: 01.812.355.1576
ventas@palibrio.com

ÍNDICE

Agradecimientos ix
Prólogo xi
Introducción xiii
Amor con Mentiras 1
Alondra 5
¿A Dónde se fue el Tiempo? 6
Cabeza de Familia 7
Celebración 8
Corazón 9
De Domingo a Domingo 10
Diferente 11
Doña Elisa 12
¿Dónde Estás Pajarillo? 13
El Delantal 17
Emigrante, sí; Analfabeto, no 18
Esperanza 20
El Zorrito 21
El Polvo 23
Fantasmas 24
Felicia 26
Felicidad Comprada 27
Heroína 29
Gitana 30
Jilguero sin Alas 31
La Hija de Braceros 33
Las Hadas 39
Las Chivas 41
La Maldad 42
La Vida o un Sueño 45
Los Escritos 46
La Invitación 47

La Caja de Galletas 49
La que se Fue 50
Los Humildes Frijolitos 52
María, María, María 55
Mi Vejez Divino Tesoro 56
Mi Educación 57
Mujer por la Gracia de Dios 60
Mi Linda Muñequita 61
Mujeres Valerosas 62
Mi Voz 63
Matrimonio Feliz 64
Motivos 65
Nací Mujer 66
Por un Vestido Blanco 67
Perdón 69
Quince Años 71
Receta para el Perdón y el Olvido 72
Roberto 74
Preguntas a la Vida 75
Silencios 77
Sin Razón 78
Secretos 79
Triste 81
Tía María 82
Un Círculo 84
Vino el Amor 85

POESIAS 87

Amor de los Dos 89
Aquí Estoy 90
Amistades y Familiares 91
Buscando a María 92
Brindando a Solas 93
Camiones y Millones 94

Cuatro Veces 95
Dos Casas......96
Dos Caminos 97
Ermitaña 98
Felicidad Escondida......99
La Última Historia 100
Lágrimas de mis Hijos......101
La Caminante......102
La Eterna Espera 103
La Cita......104
Lluvia y Dolor......105
Mujer......106
Norte o Sur 107
No te Puedo Olvidar......108
No Existen 109
No soy Yo......110
Rodolfo......111
Paloma......112
Promesa Olvidada 113
Recuerdo de Esperanza......114
Sí......115
Sor Juana y su Legado 116
Se fue el Sol......117
Sol de mi Vida......118
Siempre en mi Corazón......119
Sin Cristina......120
Se Rompieron las Cadenas......121
Seguire Esperando......122
Soñadores 123
Versos Calientes y de Amor o Noche de Amor y Locura....124
Vivencias......125

Agradecimientos

Este libro no estaría en sus manos sin la ayuda de mis amables lectoras y amigas.

Ellas me animaron a que terminara este libro.

Gracias a Adriana Ramos, Miriam Palencia, Evelyn Ballesteros, Griselda Rubio y Dora Deras. Ellas no sólo me brindaron su tiempo, sino también compartían: arroz con leche, frijolitos, champurrado y tamales conmigo. Mis escritos a veces no me dejaban cocinar y ellas me rescataron con sus deliciosas comidas mexicanas.

A Miriam Palencia, le doy las gracias, por su ayuda literaria revisando mis escritos.

Un sincero agradecimiento a Valentina Duque, por su valiosa ayuda con los signos de puntuación del libro y por regalarme tan hermosa introducción.

Un agradecimiento póstumo:

En México tuve la fortuna de disfrutar los programas de Roberto Gomez Bolaños, mejor conocido como Chespirito. Este maravilloso escritor, comediante y director, nos daba lecciones de amor, de honradez y de moral, escondidas en sus divertidos programas.

Descanse en paz, el maestro de millones de niños, que ya siendo adultos damos los mismos ejemplos: a nuestros estudiantes.

«La gente buena vale la pena en cualquier lugar», versos de la canción:

«Viva el Amor» (América Canta a Chespirito).

Prólogo

En este libro encontrará que la mayoría de las historias y poemas son dedicados a la mujer. Se puede decir que es la continuación de *Para ti Mujer*, mi primer libro en español. Mi tío Felipe solía decir estas sabias palabras: «Hay que echar toda la carne al asador». Esto es lo que estoy haciendo en este libro, publicar escritos que escribí hace muchos años, pero que por motivos muy personales no pude incluir en *Para ti Mujer*.

En primer lugar, yo quiero que este libro sea leído solamente por gente adulta y de amplio criterio. Yo tengo sesenta años y aún me duele recordar cosas tan penosas y horribles que sufrí en mi niñez y en mi matrimonio. Se dice que el abuso sexual infantil es uno de los más guardados y callados secretos. Lo que ocurre en la vida familiar también se considera privado y nunca debemos divulgar lo que sucede ahí.

Como escritora yo les digo: No más secretos. Si mi pluma sirve para traer un poco de consuelo a esas mujeres y niños que siguen sufriendo en secreto, como yo sufrí, entonces ha valido la pena el escribir.

En segundo lugar, no quiero esperar más tiempo. No quisiera que por un motivo u otro esta obra se quedara sin publicar. Después de publicar *Para ti Mujer*, se me hace justo publicar otro libro dedicado a todas las maravillosas mujercitas, valerosas madres de familia de las que no pude escribir en *Para ti Mujer*. Esas valerosas mujeres a veces pagan con su vida o con la cárcel, por querer proteger y salvar a sus hijos de la maldad del mundo.

Yo publico mis libros con mi dinero, porque si espero que alguien me los publique, entonces la espera será eterna, o de plano, nunca sucederá. Una escritora que ya es famosa, Lisa Génova, escribió el libro *Still Alice*, que traducido sería «Alicia Todavía Vive», nos da a las escritoras nuevas o a las que nadie conoce, este consejo:

Escritores, ustedes deben de publicar sus propios libros, para que los lectores y los editores, los vayan conociendo.

Yo he publicado: *Mi Graduación, Para ti Mujer* y *Palabras Fuertes de Mujer* no para hacerme rica, ni famosa, pero que bueno sería que ganara un poquito de dinero, Dios sabe que buena falta me hace. En fin, que he elegido carreras que hacen a muy pocas personas ricas y famosas: Soy maestra y escritora.

Soy una ancianita que quiere compartir sus penas y alegrías con hermosas mujercitas y con hombres buenos y maravillosos que son fieles esposos y padres de familia.

Introducción

¿Alguna vez has leído un escrito que te transporta a un cierto lugar, en un cierto tiempo y puedes oler, sentir y vivir lo que las letras expresan?

Si tu respuesta es «sí», entonces los siguientes escritos son el vehículo más apropiado para transportarte específicamente a casas, corazones y mentes de familias y personas que han sido marcadas por experiencias relacionadas a la inmigración. Aunque no seas mexicano, sentirás como si fueras, aunque agregándole tu propia sazón de acuerdo a tu propia historia de vida. Si no eres inmigrante en los Estados Unidos, sentirás la realidad de serlo y entenderás mejor la verdadera identidad de la imaginada Jaula de Oro.

Si tu respuesta es «no», entonces te invito a disfrutar este viaje por el tiempo, a través de fronteras, vidas y experiencias. Será este un viaje de aventura, tristeza, amor, desamor, amargura y éxito. Sentirás lo que verdaderamente es la lectura: un trayecto a un mundo más allá de este ámbito material.

Maria Morales logra lo que muchos autores nunca llegan ni a soñar: llevar a almas sin nombre, ni número de seguro social, ni cuentas bancarias, ni títulos, a expresar lo que han guardado por años en lo más profundo de su ser. La maestra Morales logra abrir las compuertas que han sido cerradas por el dolor, miedo y el olvido para que los seres a quienes les pertenecen, puedan lograr una voz en este mundo y así enseñarle a las generaciones futuras sobre sus raíces y como enfrentarse a un futuro equipadas con las herramientas más poderosas: los consejos de los viejos sabios y la ayuda de Dios.

Sinceramente,

Valentina Duque

Amor con Mentiras

Alguien dijo que las mujeres estamos enamoradas del amor. Así que cuando un hombre se nos acerca a hablarnos con palabras dulces y tiernas, nosotras nos enamoramos. Yo agregaría a lo que se dice de las mujeres que: nosotras somos dueñas de una fantasía increíble. De niñas al jugar con nuestras muñecas, nosotras casi literalmente, creábamos la familia que sería nuestra algún día. La iglesia también formó parte de programar a lo que estábamos predestinadas al fomentar las tradiciones del bautizo, primera comunión, quinceañeras y bodas.

Las mujeres somos muy seguidoras de tradiciones y buenas costumbres. Se nos ha lavado el cerebro tan perfectamente que el pasar de la casa de los padres, a nuestra propia casa no sólo es una tradición, sino una misión. Así que, cuando el caballero llega a nuestra vida, nos cegamos por sus palabras, detalles, caricias y demás. Hacemos castillos en el aire, y vemos al caballero como nuestro futuro esposo y padre de nuestros hijos. No hay nada malo en esto, la familia es la célula más importante de la sociedad.

El problema viene cuando por desgracia, el caballero es de ojos vagabundos. El caballero sabiendo que es casado, busca enamorar a otras mujeres. Ahí están las telenovelas que no me dejan mentir. El galán de las telenovelas es tentado, siempre por mujeres malas, pero guapísimas. Nuestros esposos tienen también muchas tentaciones en el trabajo, en la calle, y hasta al llevar los niños a la escuela, porque hay maestras muy guapas. En fin que hay mujeres que como a mí, nos ha tocado sufrir con maridos que se creen libres de romper las promesas matrimoniales.

Se dice que el nivel de divorcios es muy alto. Tal vez este nivel es alto porque las mujeres programadas para tener familia se han dado cuenta que ya tienen su familia y no necesitan vivir con un hombre mentiroso e hipócrita. Ojala y un día, el romper la promesa del matrimonio sea castigado como una pena criminal. No es justo, que la mujer sea llevada al altar, se le jure amor eterno, y en menos que canta un gallo, el esposo busca amor prohibido en otros lechos ajenos.

Yo sé que este es un sueño imposible, porque no habría cárcel grande y suficiente que pueda albergar a los criminales que han roto las promesas matrimoniales. También se dice que no hay sueños imposibles, así que esta pequeña mujercita y ancianita de 60 años, seguirá usando su pluma para que esta idea se haga posible, un día.

Mi esposo me tachaba de ver «moros con tranchete», cuando yo le reprochaba sus infidelidades. Yo lo pescaba hablando con otras mujeres, «Hablaba con mi prima», me decía como el mejor actor de telenovelas, ni William Levy hubiera podido actuar como actuaba él. Yo lo pescaba con los recibos de los boletos del cine en sus bolsas del pantalón. También era mi culpa el revisar su ropa para lavarla, los recibos del cine fueron cuando fue con su amigo, me decía con descaro. «¡Si quieres llámalo!», me decía con un aplomo increíble.

En fin que después de meses de peleas, finalmente aceptó que tenía una amante. Pero por supuesto, yo había tenido la culpa con mis celos y reproches. ¿Por qué no podía ser yo como su madrecita santa? Ella le perdonó a su padre todas las amantes que tuvo. Yo le grité con una voz altisonante y llena de rencor que «¡las mujeres sufridas y abnegadas, ya no existen!». Esta mujercita prefirió quedarse sin esposo y sola, antes que cerrar los ojos y perdonar la infidelidad.

Somos muchas las mujeres que caminamos solas por la vida. Hay un dicho que dice: «Más vale sola que mal acompañada». Todavía creo en el amor, el amor es un sentimiento maravilloso. Todavía creo que hay hombres maravillosos, que saben cumplir las promesas matrimoniales. Mis dos hijas están felizmente casadas, el matrimonio de mis padres ha durado más de 65 años. Estos dulces ancianitos caminan por la vida juntos, y su amor si será hasta que la muerte los separe.

A mí me gusta hacer listas; haré la siguiente lista:

1. Victoria Ruffo

2. María Shriver

3. Hillary Clinton

4. Maribel Guardia

5. María Morales

La lista fue de algunas mujeres famosas a las que se dice engañó el marido. Me he incluido en la lista, porque yo tuve dos maridos y los dos me engañaron. También me incluí en la lista porque espero que para cuando usted, querida lectora o lector, lea mi libro, me brinde una poca de amabilidad y no se moleste conmigo por tomarme la libertad de estar en la lista. También tengo este pequeño anhelo y deseo como toda buena escritora y soñadora: cuando usted lea la lista, yo ya sea famosa.

También tengo algo que agregar: Ojala que una de esas mujercitas nacidas en esta nueva época del *Facebook*, empiece una petición para que mi sueño se haga realidad. Les pido que compartan en su página social lo que más les gustó del libro. Que hablen de mi libro (aunque sea un poquito), en lugar de las telenovelas o de la información de los más famosos del día. Sé que sólo es un sueño, pero no es un imposible. Todos, estamos llenos de sueños que un día con el favor de Dios, serán realidades.

Amor con mentiras y engaños, nos da el ser más querido de nosotras. Ídolos de barro, que nosotras mismas construimos. Leí en un libro que a lo mejor los dolores y penas del corazón, tal vez tengan relación con enfermedades mentales. «¿Tal vez?», yo me pregunto. Sin lugar a duda, este dolor afecta las facultades mentales de las mujeres. Si nosotras hemos perdido el amor de nuestra vida y hemos perdido la razón de existir: claro que nuestra mente está llena de dolor, desesperación y rencor.

Sin embargo, este dolor, gracias a nuestros familiares y amistades, se logra superar. No es fácil hacerlo, no es fácil superarlo. Esta historia me tomó años escribirla, y me tomó años el publicarla; no la pude incluir en mi primer libro *Para ti Mujer*, porque esta historia sería la que abriría este libro, *Palabras Fuertes de Mujer*.

La mayoría de las mujeres engañadas no quieren mostrar sus heridas, no quieren mostrar sus sentimientos. Sin embargo, cuanto bien hace hablar con un ser querido, cuanto bien nos hace encontrar a personas que sufren o han sufrido como nosotras.

Una señora me comento un día, «Usted sólo escribe historias tristes». La mayoría de mis historias son tristes, pero de vez en cuando un rayito de sol me calienta el alma y entonces escribo historias como «De Domingo a Domingo», «Paloma» y «La Lámpara».

Se terminó esta historia y espero querido lector, que usted siga leyendo.

Alondra

Alondra es una joven mujer con una filosofía de la vida muy admirable. Ella es una madre que dedica tiempo a sus hijos y a ella misma. Alondra fue maestra de ejercicios aeróbicos en México y sueña con un día volver a dar clases. Su filosofía de la vida, es que las mujeres no necesitan tratar de complacer al marido para retenerlo. Ella dice que la mujer es un ser independiente y libre y nunca debería de perder esa categoría al casarse.

Ella tiene nueve años de casada y ha sabido con una maestría infalible y envidiable, el poner sus reglas en el matrimonio sin caer en dominar a su marido. Ella me comentó lo siguiente, con un aplomo increíble:

«Nunca debe de haber, en el matrimonio, una persona que manda y otra que obedezca.

Si una persona se siente como esclava, con el tiempo buscará su libertad.

Si una persona quiere retener a otra a base de miedo, con el tiempo el amor se convertirá en odio o resentimiento.»

Alondra no debería de enseñar sólo ejercicios aeróbicos, ella debería de enseñar clases para vivir feliz en el matrimonio.

En el siglo pasado se acostumbraba que la mujer debería ser un ser sumiso y abnegado, pero en los tiempos actuales la mujer disfruta de una libertad que se merece.

Yo comparto mis ideas de que nadie nació para estar en una jaula, con mis lectores. La mujer no debería de perder su libertad al casarse, al contrario, debería de ganar la confianza de un marido bueno y generoso que la ayude a superarse y a valorarse. Ojala y al compartir la filosofía de Alondra, nos demos cuenta que su filosofía debería ser una regla a seguir y no la excepción de la regla, como tristemente pasa aún en algunas sociedades en donde la mujer es tratada como una mercancía.

¿A Dónde se fue el Tiempo?

«¿A dónde se fue el tiempo?», me pregunto una y otra vez.

¿Por qué no lo escondí adentro de una cajita de zapatos?

¿Por qué no lo escondí adentro de una cajita de nácar o de cristal?

Parece que fue ayer cuando tenía seis años y caminaba a la tienda. En la tienda, yo compraba dos cervezas para mis padres. Que alegres y felices éramos en medio de nuestra pobreza. No existía la tristeza aunque teníamos tan poquito. Vivíamos en un cuartito tan pequeñito, los seis de nosotros. Mis padres, dos niñas y dos niños.

Diez años después ya no éramos seis, éramos doce. Mis padres, tres hermanos y siete mujeres. Yo fui la mayor de las mujeres, la que aprendió a cuidarlos a todos, porque mi madre no podía solita. A mí no me importaba, me parecía natural aprender a cocinar, a ser mujer de casa, lo mismo que mi madre.

Pero el destino me tenía otra vida señalada, otro camino distinto; otro mundo raro.

¿A dónde se fue el tiempo?, ya no tengo seis años. Hoy día tengo sesenta años de vida y un costal lleno de memorias. Lo inevitable, llego un día y adiós le dije a mi familia. Me fui a un país lejano a buscar fortuna, a abrirme camino y comprarme mis cervezas yo solita. Mis cervezas me ayudan a recordar y no llorar, ¿Para qué llorar lo que no se puede arreglar? El tiempo se ha ido, hay que dejarlo ir, lo que nunca se ira es ese costal de recuerdos que la vida nos dejó, esas memorias maravillosas que con cariño abrazo yo.

Cabeza de Familia

Por veinte años fui la mujer más feliz del mundo. Mi felicidad fue tener un esposo, un hogar, unos hijos. Pero un día la desgracia llegó a mi hogar porque mi esposo me dejó por otra mujer. Sentí que el mundo se me acababa, sentí que la vida se había terminado para mí, pero mis cinco hijos me dieron las fuerzas para salir adelante. Volví a hacer de mi casa un hogar, pero esta vez, yo soy la cabeza de la familia.

Las malas lenguas se ensañan con las mujeres a las que deja el marido. Unas se preguntarán, «¿Por qué la dejó el marido?». Otras dirán, «Tal vez ella tuvo la culpa, no lo hizo feliz». Nada más lejos de la verdad es mi caso. Mi vida entera estaba dedicada a mi esposo y mis hijos. A veces pienso que si mi esposo me hubiera pedido la vida yo con gusto se la hubiera dado porque mi amor por él era inmenso. Pero un día, mi amor no fue suficiente para él. Mi esposo ha desaparecido completamente de mi vida.

Las personas piadosas se compadecen de mí, y me dan su amistad y su cariño. Hoy recuerdo a una de ellas que me dijo un día, «Usted se ha quedado sola como si fuera una viuda». Sí, a las viudas se les respeta y ayuda porque el marido se ha muerto. A las esposas abandonadas nos queda la fama de la duda. Esto se debería de acabar. Las esposas abandonadas no nos sentamos a llorar nuestra desdicha. Tenemos una familia que sacar adelante. Yo lo hice.

Con este escrito quiero compartir mi historia. Nunca aceptaré una culpa que no tuve. Abandonada sí, culpable no. Mis hijos nunca celebran el día del padre, pero el día de la madre se mueren por demostrarme el inmenso cariño que me tienen. Ellos son y serán por siempre, la razón de mi vida. Esposa fui por veinte años, pero madre seré toda mi vida.

Celebración

¡Celebrando palabras!

¡Celebrando libros!

Los escritores y poetas son personajes que están desapareciendo como un día desaparecieron los dinosaurios de la faz de la tierra.

Esta comunidad está defendiendo las palabras y los libros, está dándoles un hogar a los escritores y a los poetas. A los que proclaman con su voz y su pluma, su amor a la literatura y la poesía.

Ese hogar, es Tía Chucha's; un verdadero oasis para los amantes de las letras y la música. Este lugar está en Sylmar, California.

Sigamos celebrando palabras, defendamos las artes, no con armas, pero con poemas dedicados a despertar las almas que siguen dormidas y no aprecian la belleza de la prosa y a los artistas dedicados a este bellísimo arte literario.

Corazón

A veces me pregunto:

«¿Cuáles duelen más, las heridas del corazón o las heridas corporales?».

Las heridas corporales con el tiempo sanan, las heridas del corazón a veces las llevamos a la tumba con nosotros. Hay un dicho mexicano que dice, «Un clavo saca otro clavo». El dicho se refiere a que enamorándose otra vez, el corazón se repondrá de la herida sufrida por no ser correspondido.

Unas personas tienen mucha suerte y el porvenir les vuelve a sonreír después de una mala aventura amorosa. Otras personas, cierran su corazón al amor, porque tienen miedo de ser lastimadas otra vez. Dice una canción americana: «No me duele si me caigo del banquillo de un bar, no me duele cuando salgo a la calle y me quedo tirado en la calle. Lo que me duele es no tenerte y tomo para que la herida no me duela». Sí, a veces, las heridas del corazón tratamos de aminorarlas con la bebida, pero el alcohol sólo nos hace más miserables.

Le ponemos nombres al corazón para expresar lo que sentimos: corazón herido, corazón roto, corazón muerto. En mi caso han pasado cinco años desde que un ingrato hirió mi corazón, cinco años llorando por un imposible. Con el tiempo me he resignado a nunca más volver a verlo. Sigue latiendo corazón, sigue esperando el dulce regalo del amor.

De Domingo a Domingo

Dice una famosa canción popular llamada «Cielito Lindo»: «De domingo a domingo te vengo a ver, cuando será domingo cielito lindo para volver». Sí, algunos amantes sólo se pueden ver los domingos. Toda la semana añoran al ser amado, deseando tenerlo entre sus brazos, pero por un motivo u otro sólo se pueden ver los domingos. Pero el domingo dan rienda suelta al amor que los consume. Se entregan locamente deseando que esos minutos fueran eternos. Pero un nuevo amanecer los despierta del sueño del amor. Vuelven el lunes a su trabajo, a vivir de sus memorias y a esperar el anhelado domingo.

¡Qué horrible es la soledad!

¡Qué horrible es el caminar solo por la vida!

Que hermoso es el encontrar una ilusión, aunque esta ilusión sea pasajera, aunque esta ilusión, sólo se vea realizada de domingo a domingo.

Diferente

Nunca había hambre física en aquella humilde casita. El padre trabajaba de día y de noche, para que sus hijos nunca pasaran hambre. El padre había sido huérfano y había sufrido la terrible suerte de los abandonados. El nunca saber de niño de donde vendría la próxima comida, lo hacía ser un buen padre. Llevaba los costales de frijol y de papa a su familia. Su mayor alegría era el ver comer a sus hijitos, pero había hambre de libros en aquella humilde casita. El hijo mayor se dio cuenta de ello. Él ahorraba los pocos pesos que ganaba trabajando; lavando los carros de los vecinos.

No compraba dulces o juguetes con su dinerito, los pesos eran para comprar sus libros escolares. A veces necesitaba una poca de ayuda para completar de pagar un libro de su escuela y pedía ayuda a su madre. Desgraciadamente, la respuesta siempre era la misma: «Los libros no se comen». La madre siempre necesitaba el dinero para la comida. Escondía su pena, como un pajarito esconde su sufrimiento de vivir en una jaula. Nadie lo comprendía en esa casa, no podían comprender por qué ese niño era diferente.

Un día, gracias a su esfuerzo y dedicación terminó la escuela. El futuro le sonríe y hoy tiene un buen trabajo. No cerró su corazón a la familia, la que un día le había negado el dinero para sus libros.

Compartió el fruto de su trabajo y compró una casa a sus padres. Un hijo que no se dio por vencido, a pesar de tener unos padres que nunca lo apoyaron. Un ser humano que gracias a su esfuerzo y dedicación salió adelante en esta vida. La comida es y será siempre el alimento del cuerpo, pero los libros son y serán siempre el alimento del alma.

¡Qué maravilla es no conformarse a ser como los demás!

¡Qué bueno es atreverse a ser una persona diferente!

Doña Elisa

Se dice que recordar es vivir. La señora Elisa nos hace recordar una época maravillosa de México. Ella nos habla en sus poesías de Paquito, el niño que no hará más travesuras. Paquito es un poema de Salvador Díaz Mirón. También nos deleita con poemas románticos como «Nocturno a Rosario de Manuel Acuña», y mi favorito: «En Paz de Amado Nervo». Doña Elisa engalana la Peña Cultural los miércoles con sus poesías. La Peña Cultural es una reunión que tenemos los poetas de Sylmar, California.

Doña Elisa, frágil figura, se apoya siempre del brazo de su hijo menor. ¡Sí! El mismo niño que hace cuatro décadas, ella guiaba con sus pequeñas y delicadas manos por la vida; hoy es su sostén en su lento caminar. Los doctores recomiendan a la gente mayor que tengan pasatiempos entretenidos, para que se mantengan saludables.

Doña Elisa mantiene su mente hábil y ágil, gracias a sus poesías. Ella es una verdadera maestra de la poesía. Es un placer el escuchar sus poesías que hacen reír y llorar al público de Tía Chucha's como: «Guadalupe la Chinaca», del famosísimo Amado Nervo.

¡Qué maravilloso ejemplo es el de esta dama!

Ella comparte su arte y nosotros recibimos, el regalo de su cariño y sus poesías de antaño. En México, en su época dorada, se reconocía a la poesía como la base de los valores morales. Hoy en día, cuando la decencia brilla por su ausencia, es bonito reconocer a una persona que mantiene viva la llama de la poesía.

Doña Elisa murió el año pasado.

Descanse en paz, la verdadera reina de la poesía.

¿Dónde Estás Pajarillo?

«Maquillaje a granel usaba a diario y vendía la piel a precio caro de las ocho a las diez en una esquina, era joven y fiel, era rosa y espina». – José María Napoleón.

Como buen poeta, Napoleón, cantaba sus canciones disfrazando la palabra «prostituta» por «pajarillo». Yo, en mi juventud, cantaba esta canción una y otra vez, nunca se me ocurrió pensar que él estaba hablando de una prostituta. Han pasado casi 40 años desde que yo escuché esta canción, por primera vez.

Mi amiga me regaló un casete y en él viene esta canción. Hoy dedico mi escrito a ese pajarillo que no sabemos en dónde quedó. Quiero pensar que ese pajarillo encontró un dueño muy bueno; que hoy vive feliz y tranquilo rodeado de su hermosa familia.

Los seres humanos somos muy rápidos para juzgar y a veces nos ensañamos con el caído. Yo le deseo al pajarillo lo mejor de este mundo. Pajarillo hizo feliz muchos hombres y a veces el precio que se paga por este oficio es la muerte.

Se dice que la prostitución es el oficio más antiguo del mundo. No me imagino qué motivos puede llevar a una mujer a vender su cuerpo.

Todos en esta vida tenemos que tomar decisiones y a veces tomamos la decisión equivocada.

¡Pajarillo tenía que trabajar para sobrevivir!

A algunas mujeres, los quehaceres domésticos como que no les gusta y así pajarillo se dedicó a este oficio tan deplorable.

¿Dónde, dónde estás pajarillo?

¿Acaso vives en una mansión junto al mar y tu canto hoy hace feliz a un sólo hombre? ¿Acaso vives en un palacio, rodeado de servidumbre y tu presencia es requerida para hacer feliz, sólo a un dichoso mortal?

Pajarillo, te deseo lo mejor de este mundo.

¡Las mujeres nacieron para volar, no para estar encerradas cocinando!

Vuela pajarillo y disfruta de la vida, que tú te mereces eso y más.

El Delantal

Siempre he odiado una prenda que se dice femenina: «el delantal». Por años he escondido mi odio, porque nunca me había atrevido a decir la verdad. Hoy pasó algo muy sorprendente; mi amiga, Carolina, se estaba despidiendo de sus pertenencias personales. Ella ha entrado a una etapa crítica en su vida. Ya no puede vivir solita en la casa que ha sido su hogar, por los últimos 25 años. Su familia no puede cuidar de ella y ha sido recluida en una casa hogar. Mi amiga me enseñó el delantal que perteneció a su madre. «¿Lo quieres?», me preguntó dulcemente, «si no lo quieres está bien; se irá a la basura».

Cogí el delantal en mis manos, como si se tratara de una verdadera reliquia. «Me quedo con él», le conteste, «las manos que lo hicieron deben de ser recordadas por siempre». Este delantal nunca estará en mi cintura. Va a estar en un cuadro, para honrar la memoria de la madre de mi amiga. Su madre fue una mujer admirable que sufrió lo inimaginable.

Ella fue una verdadera santa en la tierra. Sus manos hicieron las prendas que habrían de vestir a sus hijos. Sus manos bordaron hermosos manteles para la humilde mesa. Ella era feliz cuidando a sus hijitos. Ella sufrió a manos de un hombre que no la merecía. «Mi madre nunca renegó», me contó mi amiga. Su madre juntaba sus manos y defendía con ellas su pequeño cuerpo.

Su memoria nunca se borrará mientras yo pueda contar la historia del delantal; haciendo a un lado mi odio hacia una prenda que siempre me ha parecido:

Una cadena atada a la cintura de una mujer.

Emigrante, sí; Analfabeto, no

El otro día mientras estaba viendo mi programa favorito, «La pequeña casa en la pradera», me quede pensando en qué fácil es para algunas personas el juzgar a los emigrantes como analfabetos. En el programa aparece el señor Ingalls preguntando a la señora Oleson, si ella puede leer la biblia a la congregación, a lo que ella responde encantada: «¿Cuál será su sorpresa al abrir la biblia y no poder leerla?»

«¡No puedo leer esto!», exclama indignada. A lo que el señor Ingalls pregunta:

«¿Acaso usted es una analfabeta?»

Ella le responde: «Por supuesto que no, pero esto no está en inglés»

El señor Ingalls le dice que la biblia pertenece al emigrante, del que ella se había burlado un día antes llamándolo analfabeto. Yo me pregunto:

¿Cuánta gente comparte el concepto de la señora Oleson con respecto a los emigrantes?

Sí, somos emigrantes y hemos nacido en otros países. Sí, hablamos una lengua diferente, pero esa lengua es la lengua que hablaban nuestros padres y nuestros hermanos. Por diferentes razones hemos dejado nuestros países, y hemos venido a esta bendita nación a empezar una nueva vida.

Nosotros fuimos a la escuela en nuestros países, y muchos de nosotros se graduaron. Pero tenemos que volver a empezar en una nueva lengua. Sólo Dios conoce de las largas noches sin dormir tratando de memorizar las palabras. Sólo Dios conoce de las frustraciones tratando de pronunciar las palabras en una forma correcta. Una amiga mía me dijo una vez: «A mí, ni abriéndome la cabeza con una hacha, me hacen aprender inglés».

Yo espero que después de leer este escrito nos puedan entender a nosotros los emigrantes. Después de todo, siempre estamos a su alrededor trabajando. Usted nos habrá visto en los restaurantes lavando los platos, en las casas cortando el zacate unos y limpiándolas otros.

Pero también estamos en los hospitales limpiando las heridas, ayudando a los niños en las escuelas, en el supermercado y en la fuerza aérea; siempre sirviendo a nuestro nuevo país.

Termino mi escrito no con mis palabras, sino con las palabras del Senador Jack Kemp en una visita a California hace muchos años: «Hay quienes dicen que California ha sido dañada por la emigración, déjenme decirlo más claramente: California ha sido engrandecida por los emigrantes».

Esperanza

En esta navidad quiero mandar un mensaje de esperanza a todas las familias que tienen hijos pequeñitos y que por desgracia el padre o la madre no está con ellos.

En estas circunstancias es muy difícil celebrar la navidad, pero mi consejo es que la celebren dándoles felicidad a esos pequeñitos que esperan de ustedes amor y comprensión. Sólo se es niño una vez, y es muy triste llevar en el alma la carga tan pesada de la tristeza. Yo espero que las sonrisas de esos angelitos les lleven alegría a los padres y madres de familia.

Mis cinco hijos, una vez recibieron juguetes gratis de los mismos policías que encerraron a su padre. Yo enseñé a mis hijos a no guardar rencor ante las injusticias de la vida. Hoy, esos cinco pequeñitos son hombres y mujeres de provecho. Deles a sus hijos todo el amor del mundo; las bendiciones vendrán solitas.

El Zorrito

Cuenta la historia que mamá zorrito buscaba a su hijito zorrito. En el camino se encontró a un lobo y a la acongojada madre le preguntó por su hijito. «¿Cómo es tu hijito zorrito?», le preguntó el astuto lobo. «¡Mi hijo es hermoso!», contestó la orgullosa madre, «tiene su colita esponjada y cuando camina parece un principito». «No lo he visto», contesto el señor lobo, «yo me comí esta mañana un zorrito flaco y ojeroso».

«¡Señor lobo!», exclama la zorrita casi llorando, «¡te has comido a mi hijito!».

«¡Tú me dijiste que tu hijito era muy diferente!», le contesta el lobo.

«Señor lobo, yo veía a mi hijito con los ojos del alma y para una madre no existe zorrito feo».

Esta pequeña historia me fue contada por mi linda maestra, Andrea.

Hoy que soy madre me doy cuenta de cómo adoro a mis hijos. Para mi ellos son los más lindos del mundo. Y así ha de parecer para todas las madres. En este caso el amor nos ciega y sólo vemos maravillas en nuestros pequeñitos. Tal vez al darles tanto amor los queremos proteger del cruel mundo que los está esperando.

¡Sí, del mundo de lobos que los hará pedazos!

¿Cómo cambiar este mundo cruel y enseñar a la humanidad a verse de una manera diferente?

Debemos de inculcar desde la infancia a todos los niños: tú eres perfecto y hermoso, pero el niño vecinito también es perfecto y hermoso y no debes hacerle daño.

Uno de mis hijitos nació con el color de su piel más obscura que los otros. Desde pequeño lo sobre protegí a tal grado que sus hermanitos siempre pensaban que él era mi preferido.

¿Cómo decirles la verdad a mis hijitos?

¿Cómo decirles mi miedo al mundo que habría de herir a mi hijo con la puñalada de la discriminación?

Y así seguirán las madres del mundo dando amor y protección a sus hijitos, porque ellas saben de los lobos que rodean en cada esquina.

Mamá zorrito perdió a su zorrito, yo sufro en silencio la pérdida del más hermoso de mis hijos, porque de zorrito se convirtió en lobo.

El Polvo

Desde que yo tuve uso de razón, en mi casa siempre se cantaba esta canción:

«Limpia el polvo de las mesas», decía mi abuelita.

«Limpia el polvo de tu cuarto», decía mi mamita.

Vivíamos en el rancho y el camino era de polvo. El polvo se pegaba a mi pelo, a mi ropa; era mi eterno compañero. Al polvo, en la casa, no lo querían, lo corrían sin simpatía. Yo de niña inventé esta rima:

Saca el polvo, ya María, dice gritando mi tía María.

«¡Qué tanto rezongas!», me decía mi madre enojada y colorada.

«Si yo no rezongo madre, sólo canto mi rima».

Yo soñaba que un día, cuando yo tuviera mi casa, nunca limpiaría el polvo. Yo no odio el polvo, me encanta jugar en él. Juego a la cuerda, juego a las canicas y juego al bebe leche. Antes de limpiar, los muebles, yo juego con el polvo. Hago palabras, construyo versos en la mesa con el polvo; después como se destruyen las telarañas, destruyo mi obra de arte, limpiando con tristeza la mesa.

Se dice que la gente se muere de la gripa, una borrachera, o de dar a luz a un niño, pero yo no he escuchado que alguien diga:

«Pobrecito, se murió de un ataque de polvo», o de esto, «Pobrecita, de tanto jugar en el polvo, se hizo polvo».

Espero que este humilde escrito les sirva de excusa a muchas abnegadas mujercitas que prefieren leer mis historias que limpiar el polvo.

Fantasmas

-¡Qué injusticia amigo! ¡Qué injusticia!

-¿Qué le pasa compañero, se ha vuelto loco? ¿Está usted hablando solo?

-No compañero, no estoy loco, es que he leído el periódico de hoy.

-¿Mi amigo, eso es lo que le preocupa? ¿Las malas noticias?

-Sí compañero, son malas noticias para nosotros los que no tenemos voz; los fantasmas invisibles de este país.

-¡No somos fantasmas, todavía estamos vivos!

-Sí amigo, estamos vivos pero no pertenecemos ni a este país, ni al país donde nacimos.

-Mi amigo, tiene usted que contarme más despacio para entenderle.

-Le dice el amigo-: Este gobierno quiere quitarnos los servicios más elementales que necesitamos para vivir. Dicen unos que no pagamos impuestos y que no tenemos derecho de nada.

-Le contesta el compañero-: Entiendo su preocupación amigo. El gobierno quiere apretarnos el cuello para que nos vayamos por donde vinimos. En realidad, la cosa no es tan difícil, nosotros hemos pasado días enteros sin comer. También hemos pasado días y días caminado para llegar hasta aquí. Hemos estado enfermos y las plantas del campo fueron nuestras medicinas. Los que nos quieren hacer la vida imposible, no saben que para nosotros el sufrimiento no es de temerse. Nosotros despertamos cada mañana pidiéndole a Dios un día más de trabajo. Eso es todo lo que pedimos: trabajo.

-Un poco más calmado, le dice el amigo-: ¡Qué gran mensaje el suyo compañero! ¡Qué gran mensaje!

-Ojala y uno de esos periodistas que fueron a la universidad, y escriben cosas importantes se interesará en nuestro caso. Necesitamos que la gente sepa que somos gente buena ¡Buenos Hombres!

-¡Que somos seres humanos, aunque se nos trata, como fantasmas!

-Le contesta el compañero-: ¿Quién sabe amigo, quién sabe, a lo mejor un día alguien escribirá sobre nosotros, uno nunca sabe?

Nota: este escrito lo hice el 8 de Noviembre de 1996. La historia sigue vigente, porque por desgracia el problema migratorio parece no tener solución. Tal vez, porque los gobernantes sólo ven un lado de la moneda.

¡Ellos se olvidan que las vidas humanas, valen más que todo el oro del mundo!

Felicia

El lugar es: Tía Chucha's Café Cultural, la hora: las siete de la noche. Una niña de siete años lee los cuentos en la sección de libros de niños. Un joven de catorce años encuentra un libro de su gusto y se sienta a leerlo. Los dos se acercan a Felicia y le preguntan algo. Los dos devuelven los libros a los estantes y toman otros. Felicia cuenta el dinero en su cartera. Es fin de mes y tiene que pagar su renta.

Los niños vuelven otra vez con ella y esta vez Felicia les dice que tienen que marcharse del lugar. Los niños devuelven los libros a los estantes y se marchan con las manitas vacías. Felicia ha encontrado un lugar para leer sus poemas, sus hijos han encontrado un lugar para leer libros.

Me hubiera gustado regalarles los libros que les habían gustado, pero yo también tengo que pagar mi renta. Busco entre mis cosas los libros para colorear que tengo para mí programa de lectura. Estos libros son gratis gracias a la generosidad de la Librería Martínez. Alcanzo a Felicia antes de que desaparezca del lugar. Le doy el pequeño obsequio que ella acepta como si se tratara de algo valioso.

Felicia promete regresar a Tía Chucha's a leer sus poemas. Le deseo lo mejor, pero sé que no regresará. Sus niños son pequeños y la necesitan. Su presencia es necesaria e indispensable en casita. Ojalá y Felicia pueda volver, me gustaría escuchar sus poemas y conocerla más.

La realidad para muchas madres de familia es que tienen que poner sus inclinaciones literarias a un lado y dedicar su vida a su familia. Sería maravilloso poder combinar las dos cosas y el arte saldría ganando.

Se dice que uno de doce escritores es mujer.

¿Será Felicia uno de los doce?

¿Será su arte olvidada en un viejo escritorio?

Felicidad Comprada

El día era un viernes, la hora: 9 de la noche. Había salido de mi trabajo y no quería irme a la casa. «¿A qué voy a mi casa?», pensé, «mi casa está vacía. Mis hijos se van a pasear con sus amigos y la soledad me asusta». Me fui a un bar. Le pregunte al portero si el lugar era sólo para hombres, o si las mujeres podían entrar también. «Es para hombres y mujeres», me contestó.

Entre al lugar y me senté en una mesa. Los bares sólo los había visto en las películas. Se me acercó una muchacha joven y muy mal vestida. A la pobrecita se le había olvidado la mitad de su vestimenta, pero los hombres que estaban en el bar se veían felices viendo a las mujeres con poca ropa. A veces pienso que si las mujeres estuvieran vestidas de pies a cabeza, los hombres las verían desnudas de todos modos.

Le pedí a la muchacha una cerveza y una coca cola. Me trajo las bebidas y se quedó sorprendida que combiné las dos bebidas. «Así es la forma que yo tomo», le dije. A los pocos minutos se me acerco un hombre y me pregunto si estaba sola. «Sí, estoy sola», le contesté. Me pidió permiso para sentarse y se lo concedí. Me invitó a bailar y le dije que hacía 20 años que no bailaba. «Anímese», me dijo, «es fácil». Cortésmente decliné la invitación. «Sólo quiero oír música y disfrutar mi cerveza», le contesté.

Platicamos por unos minutos, seguía insistiendo en bailar, en que le diera mi número de teléfono y que quería ser mi amigo. Lo mandé a bailar con las meseras y se fue. A los pocos minutos otro hombre se me acercó. Platicamos de mi familia, de su familia y me invito a otra cerveza. «Mi limite es sólo una», le dije, «pero me tomo un refresco». Él ordenó un whiskey. Le pedí probar su whiskey y no me gustó. No sé porque a los hombres les gusta tomar, ¡Las bebidas son horribles!

Los clientes parecían muy felices. Sí, era una felicidad comprada. Era la felicidad que produce el alcohol, el tener al lado una mujer joven, el escuchar una música suave. Fotografías de artistas mexicanos adornaban el lugar; globos de color verde, blanco y rojo le daban un tono patriótico al lugar, como si el estar en un bar fuera algo patriótico. Dieron las once de la noche, me despedí del hombre, de la mesera y me fui.

Fue una nueva experiencia en mi vida. Visité un bar y me gustó; volveré otro día, volveré cuando la soledad en mi casa me obligue a buscar, como muchos hombres lo hacen, unas horas de felicidad comprada.

Heroína

La palabra *fracasada* quiere decir que una persona falló en su objetivo. La sociedad les da ese nombre a las personas que tienen un hijo fuera del matrimonio. Hace muchos años, yo escuchaba a mis vecinas referirse a una muchacha que pasaba todos los días enfrente de mi casa como «una fracasada». No me atrevía a decir nada a mis vecinas; sin embargo, sus crueles comentarios me vienen a la mente después de tantos años.

Quiero hacer este escrito y dedicárselo a todas las madres solteras del mundo. Para mi ellas no son fracasadas; para mí, ellas son heroínas que un día dijeron «Sí» a la vida. Esta humilde muchacha trabajaba de día y de noche para proveer para ella y su hijita. El padre de la niña desapareció al enterarse del embarazo de su novia. Pero la muchacha no podía desaparecer, no podía esconderse del mundo, porque su embarazo la delataba.

Ella sufrió los desprecios, las malas caras, la terrible soledad de su vida. Su hija nació y creció. Ella no es una hija del fracaso, ella es una hija del heroísmo de una mujer que dijo «Sí» a la vida. A todas las heroínas del mundo, mis respetos.

Ojalá que un día se encuentren un hombre que las sepa querer y apreciar.

Gitana

Hace mucho tiempo vi una película acerca de una madre y sus dos hijas. La película se llama: *Gypsy* o Gitana. La madre prefiere más a una de sus hijas porque ella bailaba y cantaba. La madre piensa que su hija será famosa, y que la ayudará a salir de la pobreza. Sin embargo, al paso del tiempo la hija ignorada por la madre es la que triunfa en el escenario. Una escena de esa película es como si se refiriera a mi vida personal. En esa escena la hija ignorada y menospreciada, al escuchar el aplauso del público se dice a sí misma: «Soy bonita, en realidad soy bonita».

Las madres a veces se dejan engañar por su amor ciego hacia alguno de sus hijos y menosprecian a los otros. Yo soy una persona de 60 años y la que toda su vida se ha sentido inferior. Me he sentido inferior porque el espejo nunca me dijo que era bonita. Me he sentido inferior porque mi madre siempre prefirió a mi hermana menor.

Mi madre en su ceguera, no pudo ver que yo soy su mismo retrato. Mi hermana menor es el mismo retrato de mi abuela, la madre de mi padre. Pero mi madre veía la tez blanca de mi hermana y la prefería siempre, la llamaba: «Mi güerita». Sin embargo, ayer me sentí bonita, porque una de mis hijas me lo dijo. Sí, aunque sólo sea por un día de mi vida, me sentí bonita y olvidé la pena por los años sufridos sintiéndome el patito feo.

Yo tengo dos hijas y toda mi vida las he llamado mis rosas. Sí, les digo que son mis rosas y les doy todo el amor que mi madre me negó. Nunca hice preferencia por ninguna de las dos. Mi mensaje es que a los hijos se les debe de querer por igual. Esos hijos pequeños que hoy menospreciamos crecerán y recordarán nuestros malos tratos.

El color de la piel nunca debería de ser un motivo para querer a un niño más que al otro.

Jilguero sin Alas

Mi familia era muy pequeña, sólo mis padres y yo. Mi padre era un pobre albañil que dedicaba su vida a construir casas en las que nunca podría vivir. Sí, las casas eran de los ricos, esos ricos que construyen cuartos y más cuartos. Los cuartos que nunca necesitan, porque se la pasan en lugares bonitos y caros como en Cancún o Paris. Los pobres, en cambio, nos conformamos con un cuartito para nuestra familia.

Mi madre se dedicaba al hogar y a cuidarme. El hogar, aunque pequeño, siempre estaba limpio y ordenado. Ella tenía sus propias plantas en el patio de atrás, plantas medicinales que nos curaban a nosotros y a los vecinos. También vendía las plantas en la plaza para ganar unos pesos y ayudar a mi padre. Un día, mi padre llegó con un árbol de limón. El árbol era pequeñito, pero mi padre dijo que con agua y sol, pronto crecería y nos daría limones.

Yo ayudaba a mis padres a regar las plantas y a barrer los patios; desde niño me gustó ayudar a mis padres. Un día, cuando yo tenía diez años, nos trajeron a mi padre en una camilla. Sus compañeros de trabajo dijeron que se había caído de un segundo piso. Lo habían llevado a la Cruz Roja, pero les habían dicho que no tenía remedio. Mi madre estaba desolada, no podía creer que su esposo, un hombre tan fuerte, moriría. Mi padre murió al día siguiente, sólo tuvimos el consuelo que él nos dio su bendición antes de morir.

La vida fue muy triste sin mi padre; mi madre había perdido a su compañero de casi quince años. Para alegrarla, yo empecé a cantarle canciones, las mismas canciones que mi padre me había enseñado de niño. Su tristeza no desapareció de un día a otro, pero sin embargo, lentamente empezó a recuperarse. Volvió al patio a cuidar a sus plantas y a la plaza a vender sus plantas medicinales. Un día estando en la plaza, yo empecé a cantar y la gente me regaló unas moneditas. Con el dinero de mi madre y con el mío salíamos adelante, pero con muchas penurias.

Al paso del tiempo, el árbol de limón creció y se llenó de limones. Parecía que desde el cielo, mi padre había encontrado la forma de ayudarnos. Yo vendía los limones en la plaza, y mi madre vendía limonada junto con sus plantas medicinales. En la casa también trabajamos juntos. Mi madre empezó a hacer su propio té de limón y a embotellarlo. Yo me fui a regalar el té a los dueños de las tiendas de comestibles. Les regale el té y les dije que yo les vendería el té, si les gustaba. Pronto, mi madre y yo, no nos dábamos basto, para hacer los pedidos del té.

Yo le cantaba a mi madre mientras trabajábamos, ella se sentaba en su sillita, mientras yo lavaba las hojas para el té. Así que en los días lluviosos, cuando no podíamos vender en la plaza, nosotros nos manteníamos ocupados haciendo té. Parece mentira, pero es cierto, aunque el pobre trabaje tanto y tanto, el dinerito sólo puede cubrir las más elementales necesidades como son: la vivienda, la alimentación y la ropa.

Un día, cuando yo tenía quince años, mi madre murió. Aunque ella había sido fuerte por cinco años, la tristeza y la soledad se impusieron. Me dijo en sus últimos momentos que estaba triste por dejarme, pero feliz por irse al lado de mi padre. Ella me pidió que le prometiera que nunca dejaría de cantar, ni de cuidar sus plantas. Ella me llamó su «jilguero sin alas», y me dijo que desde el cielo, ella me escucharía. Y así me pueden encontrar en la plaza, vendiendo las plantas medicinales y cantando.

Mis padres me dejaron de herencia el amor a la vida y a nuestros semejantes.

Yo me siento feliz en mi pobreza, porque sé que no estoy solo.

Este jilguero seguirá cantando a la vida, a la memoria de mis padres y al amor.

La Hija de Braceros

Estoy escribiendo la historia de mis padres, para explicar a mis hijos el porqué de mi vida en la pobreza en México. Mi padre fue huérfano y su padre era un campesino pobre. Él dejó sola a su familia con unos cuantos animales y unas tierras que habían pertenecido a su familia por muchas generaciones en el estado de Guanajuato. Su madre se volvió a casar y mi padre nunca hablaba de su padrastro. Mi padre dejó a su familia cuando tenía 18 años porque estaba cansado de la pobreza en que vivía. Él les ayudaba cuidando las tierras y los animales, pero no recibía ninguna recompensa por su trabajo.

Mi padre, junto con otros campesinos del lugar, salió a buscar fortuna en Texas, trabajando como Braceros. Los Braceros fueron campesinos mexicanos contratados en esa época desde 1942 hasta 1964 para trabajar en los campos algodoneros del Valle de Texas. La historia de mi madre es casi parecida a la de mi padre; nunca fue a la escuela y junto con su madre y hermanas se encargaban del hogar, los animales y el campo. Ellos vivían las tradiciones de todos los campesinos mexicanos, pero la época de los Braceros cambio el destino de mis padres.

Mi madre y su familia también se fueron a Texas. Las noticias del país en dónde se pagaba en dólares por trabajar, llegaron hasta San Luis Potosí. Y así, dos campesinos de diferentes estados de México se conocieron. Mi madre siempre estaba rodeada de su familia, pero mi padre se las ingenió no sólo en platicar con ella, sino en enamorarla. Cuando el trabajo se terminó, y era la hora de partir a sus respectivos lugares de origen, mi padre y mi madre hicieron un plan. A mi madre la ayudaron sus hermanas a escaparse con mi padre, y mi padre compró dos boletos para Guanajuato.

Mi madre tenía 19 años y mi padre 24 años cuando se casaron. Ellos se casaron en San Luis Potosí. Al año siguiente de casados, nació mi hermano Andrés, el mayor de mis hermanos. A mi padre pronto se le terminó el dinero ganado en Texas, y así, junto con mi madre y Andrés, volvieron a trabajar a Texas. Mi padre no quería que mi madre trabajara, así que ella se quedaba en la pequeña casita cuidando a Andrés. Andrés no estuvo solo por mucho tiempo porque al año siguiente nació mi hermano, Gil Pérez Jr. A mi padre le habían dado papeles de contratado como Bracero, pero mi madre no los tenía.

Un día fatal del destino, mientras mi madre caminaba por el campo a dejarle comida a mi padre, una patrulla de emigración la arrestó. A ellos no les importaba que mi madre iba caminando con dos niños de la mano y embarazada. Mi madre fue transportada a Matamoros, Tamaulipas, una ciudad fronteriza con Texas. En Matamoros tenían conocidos que habían trabajado con ellos en Texas. Ellos cuidaron y protegieron a mi madre, en lo que mi padre venía a ayudarla. El embarazo de mi madre ya estaba avanzado, y yo nací una semana después que mi padre regresara.

Mis padres sin darse cuenta estaban viviendo como gitanos, de un lugar a otro, y con hijos nacidos en dos países diferentes. Mi padre no quiso volver a Texas. El amor por su familia lo hacía escoger entre un buen trabajo y el tener a su familia a su lado. Unos paisanos le platicaron de una ciudad que estaba contratando albañiles para construir fábricas. Mis padres con sus tres pequeños hijos llegaron a Monterrey a buscar un lugar para vivir y echar raíces.

Mi padre demostró al capataz que él era un buen trabajador, y al terminar la construcción de la fábrica, el capataz contrató a mi padre a trabajar en ella. Mi padre trabajó 35 años en la fábrica Aceros Planos. Esta fábrica pertenecía a la compañía Fundidora de Fierro y Aceros de la prestigiada y maravillosa ciudad de Monterrey. Mis padres tuvieron siete hijos más para dar un total de diez hijos: tres hermanos y siete hermosas hermanas.

La fábrica no sólo proporcionaba buenos salarios a los trabajadores, sino que cada año había una rifa de 20 casas para los trabajadores. Las casas no eran regaladas, porque los obreros tenían que pagarlas mensualmente. Había casi cuatro mil trabajadores en la empresa, así que al sacarse una casa era casi como un milagro. Después de 18 años de trabajar en la empresa, mi padre se ganó una casa. Nuestro gusto fue inmenso. No teníamos que vivir más en casitas de 2 o 3 cuartos. Las casas eran nuevecitas, con tres recámaras, una sala, un comedor y la cocina. Había un patio trasero y enfrente de la casa un pequeño jardín con su porche.

Para nuestra familia numerosa significaba que por primera vez, las mujeres y los hombres tendrían su propio cuarto. Mi padre se alegró de tener un lugar para plantar su propio árbol de limón, y mi madre se alegró de descubrir lavadores nuevos y con sombra. La escuela estaba a sólo una cuadra de la casa, y así mis dos hermanitos más pequeños nunca tuvieron que caminar grandes distancias para ir a la escuela. Yo ya estaba trabajando en una fábrica de ropa, y mi salario se lo daba a mi familia para ayudarles económicamente. Era pesado trabajar en la fábrica, pero mi padre nos había dado el ejemplo de trabajar duro y con dedicación.

Mi hermano Andrés, el mayor de los hermanos, empezó a trabajar con mi padre a los 17 años y siempre ayudó al sostenimiento de la casa. Mi hermano, Gil, fue mandado por mis padres con unos tíos que vivían en California. Mi hermano de escasos 15 años fue mandado a trabajar, no a estudiar. Mi hermano cursaba el primer año de secundaria y me regaló sus libros, para que yo estudiara. Fue muy doloroso el ver partir a mi hermano.

Él había nacido en Texas, pero al crecer en Monterrey, no sabía nada de los Estados Unidos, ni siquiera, sabía el idioma inglés. Mi hermano mandó dinero de vez en cuando, pero mis tíos nos decían que se dedicaba a jugar con sus amigos. En realidad no culpo a mi hermano de olvidarse de nosotros. Él era joven y quería divertirse.

Mientras crecían mis hermanas, las necesidades eran mayores porque necesitaban libros para la secundaria y preparatoria. Cuatro hermanas terminaron la universidad. Dos de ellas hicieron una carrera comercial. Yo sólo pude terminar la secundaria, pero mis ansias de estudiar se vieron realizadas al encontrar la preparatoria Centro Cultural Lumen. La escuela era nocturna, así que pude estudiar en la noche mientras trabajaba de día. Fui la primera en mi familia en graduarme de la preparatoria.

Me da gusto escribir que mis hermanitas y hermanito Pepe, siguieron mis pasos. Ellos terminaron la preparatoria y unos siguieron carreras comerciales y otros fueron a la universidad. De los tres hermanos, Pepe se graduó de ingeniero, mientras los dos hermanos mayores, por falta de libros y dinero, no pudieron terminar, ni siquiera la secundaria.

No puedo culpar a mis padres del sufrimiento que hemos pasado los tres hermanos mayores por falta de una educación. Eran otros tiempos, ellos fueron campesinos que dejaron sus pueblos para trabajar. Para ellos el mandar a trabajar a sus hijos y pedirles que ayudaran a sus padres y hermanos, era parte de una tradición. A veces, las tradiciones pesan mucho y la pobreza pesa más.

Yo, al igual que mi hermano Gil, fui enviada a trabajar a los Estados Unidos. Yo tenía 23 años de edad, podía haberme rebelado al pedido de mis padres, pero yo también quería marcharme. Mi trabajo, era en la fábrica de ropa, en dónde me había agotado después de trabajar cinco años en ella. Yo terminé la preparatoria, pero me daba miedo ir a la universidad nocturna. Me ilusionaba la idea de ir a California con mi hermano, trabajar por unos años, volver a Monterrey, e iniciar mis clases universitarias.

Con el tiempo, descubrí que los planes se esfuman al aparecer el amor. Me casé en California, y empecé una hermosa familia. Mis cinco hijos no conocen mucho de México. Espero que este humilde escrito les dé una ventana a la vida de su madre y de nuestra familia en México. Mis hijos viajan por todo el mundo. Ellos nunca sabrán del sufrimiento de haber nacido en la pobreza.

Ellos nunca sabrán de pasar hambres, penurias, y el no poder dormir pensando en el mañana. Muchos niños que viven en Estados Unidos crecen sintiéndose avergonzados de hablar español y de sus orígenes. Mis propios hijos fueron de esos niños. Me acuerdo con tristeza que un día llegaron de la escuela secundaria preguntando llorando:

«¿Son ustedes ilegales?»

Inmediatamente la mentira llego a mis labios. No podía dejar que sus almas limpias se envenenarán con esta tristeza. «Su padre y yo no somos ilegales», mentí con una entereza increíble, pero con esto ellos se calmaron y se fueron a hacer sus tareas escolares.

Nosotros, nunca les ocultamos que si teníamos dinero era porque los dos trabajábamos mucho. No éramos pobres, pero estábamos muy lejos de ser de la clase media o ricos. Les inculcamos que con estudio y trabajo, ellos podían ser, no sólo de la clase media, sino ricos. Unos de mis hijos casi están logrando sus propósitos de ser clase media. Ellos viven una vida tan diferente a la de sus padres. Con el tiempo recibí mi título de maestra y mi misión ahora que mis hijos han crecido, es ayudar a esos niños latinos y maravillosos que han nacido en los Estados Unidos.

Quiero mandar el mensaje que les decía día con día a mis propios hijos:

Educación y trabajo, nos sacará de la pobreza.

¡Qué difícil es convencer a algunos americanos que los latinos somos gente noble y trabajadora!

Claro que hay personas latinas que rompen las leyes y terminan en las cárceles. Esta es una gran tristeza para la comunidad latina; una gran tristeza cuando nuestros propios hijos rompen las leyes y nuestros corazones.

Pero aquí seguimos.

¿A dónde nos vamos?

Hemos echado raíces en este maravilloso país, hemos olvidado nuestras penas con nuevas alegrías.

Esta hija de Braceros, ha recorrido un largo camino. Esta hija de Braceros quisiera que nadie sufriera lo que ella ha sufrido. Nací en un país y viviré toda mi vida en otro país. Quisiera pedir perdón por las ofensas que cometí en mi lucha por sobrevivir. Mis padres tuvieron fallas producto de sus creencias y herencias culturales. Yo he tenido fallas tratando de hacer feliz a mi familia y siguiendo mi sueño dorado:

¡El de ser profesional un día!

Se despide la hija de Braceros, de lo que escribí, recuerden lo bueno y perdonen lo malo.

Las Hadas

Por mucho tiempo he tratado de encontrar un lugar en donde escuchar música de Mariachi. Mi amiga, Carmen, me habló de un lugar llamado: Las Hadas. El mes pasado, llamé al restaurante y me dijeron que tenían música de Mariachi, los martes de las 8:30 de la noche a las 10:30. Invité a mi amigo a conocer el lugar y juntos llegamos a conocerlo un martes de Diciembre. Llegamos a las nueve de la noche y pedimos un café. Habíamos cenado temprano, así que sólo pediríamos café y un postre. Nos recomendaron el flan de leche y lo pedimos.

El Mariachi ya había empezado a tocar y el ambiente era amable y acogedor. Unos clientes celebraban un cumpleaños y el cantante cantó las tradicionales: Mañanitas. Recorría con mi mirada el lugar, tratando de descifrar el porqué de la felicidad entre los clientes. Tal vez, alguien se había sacado la lotería y estaba celebrando entre parientes y amistades. Tal vez, alguien celebraba un aniversario y se había traído a toda la familia, hasta a la abuelita.

Se sentía el ambiente familiar. Se sentía el cariño entre el padre y los hijos, entre la madre y la abuelita. Era hermoso ver a tantas familias reunidas. Terminamos nuestro café y nos quedamos otra hora a disfrutar del Mariachi. La alegría de la música era contagiosa y despacito mi amigo y yo empezamos a hacer coro al Mariachi. No se necesita estar entre la falsa alegría que dan las bebidas alcohólicas para sentir la sana alegría del Mariachi.

La música de Mariachi es como un símbolo de la nación mexicana. Juan Gabriel dice en su canción, "El Principio", que mariachi quiere decir "día de fiesta" en lengua Otomí. Hay mas versiones del significado de la palabra, pero esto si es cierto: "Sin mariachi no hay fiesta". Es hermoso encontrar un lugar como Las Hadas. En este lugar, los martes por la noche el Mariachi es el rey y los que lo escuchamos nos sentimos transportados a un mundo maravilloso, a un mundo encantador.

El mundo de nuestros antepasados toma vida en un lugar encantado, como si fuera sacado de un cuento de hadas.

Las Chivas

Cuando yo era pequeña, las chivas eran mis mejores amigas. Mi mamá me necesitaba en la casa pero yo prefería ayudar a mi papá a cuidar las chivas. Yo tenía una intención escondida al dedicarme a cuidar las chivas. Me iba tempranito antes de que el sol calentara y me ponía a correr alrededor de mis chivas. Ellas me miraban sin saber por qué corría. Me gustaba correr, me gustaba sentir el viento en mi cara.

Ya cansada descansaba en el pasto verde, o me iba al arroyo a nadar. A veces tenía la suerte de encontrarme a otro niño que cuidaba sus chivas; siempre niños, yo era la única niña. Los pastores llevábamos las chivas al río para que comieran y bebieran. Ya en la tarde volvíamos a nuestras casas con nuestro rebaño.

Yo era la única pastora. Al principio los niños se burlaban de mí, pero con el tiempo se acostumbraron a mi presencia. Mi mamá me dejaba masa, para que hiciera mis propias tortillas al regresar a la casa. «Tienes que aprender», me decía secamente. Hubiera querido decirle que ella también necesitaba aprender a cuidar las chivas, para estar a mano. Hacia mis tortillas en silencio añorando escuchar el murmullo del arroyuelo, pero mañana volvería al campo a cuidar a mis chivas.

Mis chivas me escuchan sin gritos ni golpes. En mi casa mi madre es la reina, pero en el campo, yo soy la reina. Mi corte es mi rebaño y el arroyuelo es mi trono. Soy tan feliz en el campo, al lado de los animales que nunca me harán daño.

La Maldad

Cuando los niños son pequeños, les damos lecciones acerca de la maldad y de cómo evitarla. Los padres tratamos que cuando nuestros hijos se pelean, ellos entiendan que las peleas no son buenas, sino malas. Es lógico que haya desavenencias entre los hermanitos; lo que no es lógico, es que uno de los hermanitos se aproveche del otro. En las familias, lo que se desea todo el tiempo es que los familiares vivan en armonía y se quieran fraternalmente los unos a los otros.

Los pequeños aprenden de los padres, porque se dice que los padres son los primeros maestros. Es casi imposible que haya padres perfectos, pero siempre se debe hacer hincapié, que cuando se han roto las reglas, por uno u otro motivo, siempre habrá consecuencias o castigo para el que las rompió. Si los seres humanos viviéramos sin leyes y reglas, este mundo sería un terrible caos.

Mi hermano menor, Pepe, un día me contó esta anécdota de su escuela:

Un día, cuando él estaba haciendo el trabajo encomendado por la profesora, su compañero de banco le pegó un chicle en el pantalón. Mi hermano, inmediatamente le preguntó al niño, «¿Por qué hiciste esto?» El niño no supo que contestar y la maestra mandó al niño a la dirección.

Mi hermano también comentó que este niño les hacía lo mismo a los otros niños y también era muy peleonero. Un día el niño no regresó a la escuela y los compañeritos no lo extrañaron porque ese niño no había hecho amigos por su mal comportamiento.

Yo no creo que haya una persona que se levanta una mañana y dice: «Hoy voy a ser muy malo».

Yo creo que todos podemos comportarnos de acuerdo a los buenos consejos tanto de nuestros padres, maestros, y la educación religiosa recibida. Mi madre comentó un día que yo de pequeña me robé una manzana. Cuando mi madre se dio cuenta, yo ya me estaba comiendo mi manzana, la cual cogí sin pedirla, ni pagar por ella. Ya me imagino lo que mi madre me hizo. Tal vez me estiró el pelo o me pegó en la mano, para que nunca lo volviera a hacer.

Una persona que actúa malamente, ha de sufrir mucho, pero ella no se da cuenta. Los malos creen que ese es el único camino de vivir; para vivir sin trabajar y a cuestas de los demás. Soy feliz levantándome temprano para ir a trabajar. Yo soy tan feliz ayudando a mis estudiantes, que las seis horas de trabajo se me hacen 40 minutos, por decir algo. Cuando entrego la carpeta y la llave del salón a la secretaria, me da gusto que me pidan que trabaje en la misma escuela al día siguiente.

Los que somos felices con tan poco, no somos tontos. Somos personas a los que la maldad no les interesa. Una persona honrada y buena siempre tendrá las puertas abiertas en los hogares de sus familiares y amigos. Esta persona no necesitará el cubrirse las espaldas, o el esperar que la justicia divina o de los hombres, lo pesquen un día. Leí en un libro que los seres humanos hemos nacido para decir la verdad, por eso los detectores de mentira pescan a los mentirosos. Los mentirosos, mandan al cerebro señales de estrés, porque quieren cubrir sus huellas o mentiras.

Mis 60 años vividos en la Tierra no me hacen una experta para hablar de la maldad. Yo he creído ciegamente en algunas personas que abusaron de mi confianza. Estas personas fueron tan buenos actores, que yo confié en ellas. Perdí dinero, gracias a la maldad de estas personas. Mis amistades me dan el consejo de ser más lista, pero no es por tonta que me engañaron. Fui engañada, porque nunca creí que existiera la maldad en alguien en que yo confiaba y quería.

Si la maldad es lo opuesto de la bondad, entonces demos bondad a los que nos hacen maldad. Las personas bondadosas, nunca podrán hacer daño a quienes nos han hecho daño con su maldad. También es bueno el separarse de las personas malas siguiendo el dicho: «El que anda con lobos a aullar se enseña».

En las famosas películas de Walt Disney, los malos siempre son vencidos por los buenos. En las hermosas telenovelas, los buenos siempre ganan en la lucha contra el mal. Los seres humanos deberíamos aportar cosas buenas a este maravilloso mundo, para así erradicar por siempre y para siempre la maldad.

La Vida o un Sueño

La vida es un sueño y el despertar es el decir adiós a este mundo. Un sueño feliz para unos, un sueño infeliz para otros. Los felices son los que nacen ricos y son alimentados con cuchara de plata. Los infelices son los que nacen pobres y cada día representa una lucha para poder sobrevivir. La felicidad no es para todos; la felicidad es un espejismo que todos perseguimos, pero que muy pocos lo logran.

Al término de nuestras vidas todos somos iguales. La muerte no hace distinciones y a todos nos llega la hora señalada para decir adiós a nuestra existencia. Los pobres al marcharnos de este mundo dejamos atrás esas penas y sinsabores que fueron el pan nuestro de cada día. La vida y el sueño; palabras inventadas por el poeta que quiere dar significado a nuestra existencia, que quiere dejar huellas en el mar.

Los Escritos

Una vez más se ha demostrado que el hombre empezó a escribir casi al mismo tiempo que empezó a habitar la tierra. El descubrimiento de una piedra del tamaño de una libreta de escribir y que los científicos aseguran data de hace más de 3,000 años, es una prueba indiscutible de la necesidad del hombre de comunicarse a través de la palabra escrita. Nuestros antepasados Olmecas se las ingeniaron para dejarnos un hermoso e interesante mensaje:

«Escribe hoy, porque alguien lo leerá mañana».

El escritor Manuel Villaseñor escribe en su famoso libro, *Cruda Realidad,* acerca de un personaje que dice así:

«Escribo para evitar la vergüenza de suicidarme y así apagar de una vez por todas la luz de la vida».

El personaje del señor Villaseñor, se siente desalentado y sin ansias de vivir. Más sin embargo al decir «escribo», ya está dándonos un mensaje de esperanza, del mismo modo que nos lo dieron nuestros antepasados los Olmecas.

Mi amiga Mónica ha empezado a escribir y sufre al no tener el tiempo necesario para escribir. En su desesperación, ella planea levantarse más temprano para hacer sus quehaceres domésticos y así poder tener tiempo de hacer sus escritos. Le alabo a mi amiga su deseo de escribir. Este es un deseo que nace con nosotros, que nuestros antepasados supieron de esta necesidad de escribir y al descubrirse esta joya arqueológica se ha demostrado el amor del ser humano a escribir.

Los Olmecas, el señor Villaseñor y mi amiga Mónica, son seres que nos demuestran que los escritos tienen valor. Los escritos sobrevivirán aún después que nuestro cuerpo se haya convertido en polvo. Los escritos llevarán el mensaje a nuevas generaciones que la palabra escrita está ahí, esperando ser descubierta, por unos seres humanos inclinados al hermosísimo arte de escribir.

La Invitación

Recibí la invitación a la misa y no me hice ilusiones de asistir. La misa se celebraría en memoria de los que cruzan el desierto y han muerto en el intento. En memoria de los que han dejado de sufrir, y a la vez evitar que más seres humanos mueran. La organización que ayuda al sediento, nació para eso, para ayudar, pero ellos también necesitan nuestro apoyo porque no pueden hacer estos trabajos solos.

La misa se celebraría a las siete de la noche de un miércoles en La Placita Olvera, en La ciudad de Los Ángeles. «Es imposible para mí asistir», pensé, pero lo que nunca pensé es que para Dios no hay imposibles. Me fui a mi casa después del trabajo, eran las seis de la tarde.

Mi hijo se llevó mi carro y me dijo que volvía en unos minutos. No me preocupé, porque aún pensaba en no ir a misa. Entré a mi hogar y me di cuenta que todo lo que tenía que hacer podía esperar. La cena podía esperar, los trabajos escolares podían esperar, yo iba a ir a la misa. Llamé a mi hijo y le pedí que viniera que yo necesitaba mi carro. Me despedí de él diciéndole: «Te veré mañana». Para qué invitarlo a la misa, si yo sabía que no me acompañaría. Cuando eran niños yo dejaba todo por ellos, pero ellos no pueden dejar todo por mí.

Me encomendé a Dios y me fui a Los Ángeles. Tenía miedo de perderme en el camino, tenía miedo de llegar muy tarde, tenía miedo del tráfico. Más sin embargo, quería llegar a escuchar el mensaje de Dios, quería poner lo poquito que tengo a su servicio. Llegué a las 7:30 a Los Ángeles. Me estacioné y entre a la iglesia. Para mi sorpresa la iglesia estaba casi vacía. «¿Dónde están los otros invitados?», pensé.

¿Dónde están los que han recibido tantas bendiciones y hoy que se les pide ayuda, ellos brillan por su ausencia?

Me senté a escuchar a los oradores de tres diferentes organizaciones. Uno de ellos era para informar de la horrible tragedia en Ciudad Juárez. Cientos de mujeres son asesinadas y los criminales deberían de descubrirse. Otra organización pide ayuda por la paz, para que este país haga de la paz una bandera que envuelva a todo el mundo. Otra organización nos recuerda de las vidas perdidas en el desierto y nos invitaban a rezar por sus almas y a ayudar para que más vidas no se pierdan. No pude evitar el ponerme a llorar.

¡Qué pesada ha de ser la carga para Dios! El ver sufrir a la humanidad y descubrir que los que pueden cambiar el mundo, no lo quieren hacer. No lo quieren hacer porque es más fácil estar en casita, gozando del calor familiar que aquí en una iglesia, descubriendo tantas necesidades e injusticias que hay en el mundo.

Yo me he sentido tan alejada de Dios, pero hoy descubrí que es peor perderlo a Él, que perder la vida. Dios está esperando que nuestro corazón cambie y que vea en cada persona que sufre un hermano que necesita ayuda. No cierre su corazón, devuelva las bendiciones hoy. La invitación a ayudar al que sufre está en pie y es para todos.

La Caja de Galletas

Se dice que recordar es vivir. Hoy mientras abría una caja de galletas, no pude evitar el recordar el pasado al leer el nombre de las galletas. El nombre es: Nostalgia Surtido Especial. Que nombre tan clave, porque la nostalgia me invadió inmediatamente. Abrí la caja de galletas y pude comprobar que eran las mismas que yo comía de niña hace más de cincuenta años. En ese tiempo vivía con mi familia en México.

Mi familia se componía de mis padres y diez niños. Mis padres compraban una caja de galletas para toda la familia, para comerlas en la merienda. La caja tenía que durar dos o tres días si era posible. Nos tocaban dos o tres galletitas por persona. Aunque estaban sabrosísimas, no podíamos comer más; sabíamos que las galletas no eran por sólo un día.

También mis hijos comieron la misma marca de galletas hace 30 años. Ellos eran felices cuando yo venía del mercado y les traía su caja de galletas. En esta ocasión, la caja de galletas sólo duraba un día. Yo no tenía el valor de decirles a mis cinco hijos que sólo se podían comer dos o tres. Los veía felices escogiendo las galletas de chocolate o las de fresas. Las de coco eran mis preferidas y les decía que esas las dejarán para mí. Mis hijos han crecido y tienen sus propias casas y familias.

Hoy vivo solita en un apartamento pequeño, no necesito mucho, sólo lo indispensable. Estas galletas han tenido el poder de llevarme al pasado. A ese mundo feliz que compartí con mi familia. Me comeré cinco o seis galletas hoy y otras más mañana. Esta caja me durará una semana o tal vez más. Me las comeré con mi cafecito en la merienda, mientras veo mis telenovelas favoritas. Tal vez mis hijos vengan a verme y les ofreceré galletas mientras hablamos de cosas importantes: mi vida y sus familias.

La que se Fue

Sara nunca fue mi amiga. Nosotras nos conocimos porque nuestras dos hijas estaban en la misma escuela. Kelly y Jessica han sido amigas desde la escuela primaria, hasta hoy en día. Kelly tiene 30 años y Jessica también. Yo hablaba con Sara lo más elemental, como por ejemplo: cuando Kelly se quedaba en casa de Sara, ella y yo nos poníamos de acuerdo a qué horas la llevaba y cuando la recogía. Después con el paso del tiempo, Kelly empezó a manejar y yo perdí contacto con Sara. Muy de vez en cuando Kelly hacia un comentario que Sara estaba trabajando en la tienda de ropa, o en la farmacia de ayudante.

Sara era una madre soltera tratando de salir adelante con dos hijas. Sara había sido madre a muy temprana edad, pero su juventud no le impedía el ser una buena madre para sus dos hijas. Ella sólo vivía para sus hijas y su trabajo. Jessica se casó a los 18 años y Kelly y yo asistimos a su boda. Al año siguiente, las dos asistimos a la fiesta que su mamá le dio a Jessica por el nacimiento de su primer bebé.

En esta ocasión platiqué unos minutos con Sara. Ella me dijo que sus dos hijas le estaban dando problemas porque no le hacían caso. Las dos hijas querían llegar a la casa a la hora que ellas quisieran, en lugar de seguir las reglas establecidas de la madre. Las dos eran mayores de edad y por desgracia en lugar de seguir los pasos de Sara, ellas eran muy independientes y libertinas.

En esos días Sara se veía muy deprimida y enferma. Le pregunté a mi hija si sería posible hablar con las hermanas y aconsejarlas que le hicieran caso a su mamá. Nunca me hubiera imaginado lo que mi hija me contestó. Ella dijo, «La mamá de Jessica es la que está en problemas. Ella conoció a gente indeseable y ha caído en las drogas». Esto pasó hace más de diez años y desde entonces nadie sabe qué pasó con la mamá de las dos muchachas. Las dos muchachas se graduaron y son muy trabajadoras. Sara es una más de las mujeres que se ha perdido en las drogas.

¿Estará viva?

¿Habrá muerto?

Parece increíble que en estos días, en que podemos comunicarnos muy fácilmente con nuestros seres queridos a través del internet; no podamos encontrar noticias de Sara.

Los Humildes Frijolitos

Mi bolsa de frijoles pintos me cuesta 4 dólares. Por cuatro dólares, compro 5 libras de frijoles que me han de durar un mes, o tal vez más tiempo. Por mucho tiempo, me mantuve alejada de mis humildes frijolitos, hasta que el doctor me dijo que tenía que cuidar mi dieta. Cuando yo llegue a California hace casi 40 años, mi peso era de 109 libras.

Me acuerdo muy bien de mi peso, porque al año de haber llegado aquí, quise donar sangre a la Cruz Roja. Fui rechazada como donadora de sangre, porque me dijeron que tenía que pesar por lo menos 110 libras. Con vergüenza les cuento que mi peso actual es de 150 libras. Casi 40 años después, he aumentado 40 libras y con el sobrepeso han llegado las enfermedades.

Mi médico me ha dicho que si no cuido mi dieta, tendré enfermedades que, no sólo me causaran dolor, sino incluso la muerte. Así que he tenido que decir adiós a mis comidas favoritas por casi 40 años y volver a comer mis humildes frijolitos. Mi familia en México era tan pobre que comíamos frijolitos casi todos los días. Eran diez niños que tenían que comer tres veces al día.

Mi padre fue un pobre obrero. Él se quedaba en la fábrica a trabajar horas extras para así hacer un poquito más de dinero. Mi madre hacía las tortillas de maíz a mano, tratando de una manera casi imposible de alimentar a todos sus niños. Aprendimos a no pedir más de comer, aunque nos quedáramos con hambre.

Unas tortillas que nos atrevíamos a pedir más, eran las de harina. Las tortillas de harina sólo se hacían muy de vez en cuando. Así que cuando nos hacía las de harina le suplicábamos por una más. Ya podrán hacer ustedes la cuenta diez niños y cuatro tortillas por niño. La pobre de mí mamá tenía que hacer tantas tortillas que acababa rendida.

Pero volvamos a los frijolitos. Al decirme mi doctor de mi estado de salud, debido al sobrepeso, yo hice el propósito de volver a comer, casi estilo México. Digo casi, porque me es muy difícil el dejar del todo la forma de comer que he seguido por los últimos 40 años. Una de las costumbres más difícil de vencer es la de comer fuera, es decir en restaurante. Mi preferido es el Denny's, porque en este restaurante puedo comer desayuno a cualquier hora. Me gusta comer desayuno, aunque sean las cuatro de la tarde. Yo nunca me termino el desayuno y siempre guardo lo que no me como, para el día siguiente.

He podido dejar de comer cuatro veces al día, y sólo como tres veces al día. La forma en que he logrado este terrible sacrificio es levantándome tarde. Usted verá: me levanto a las once de la mañana, me desayuno mi avena o mi cereal mientras leo mi periódico. Después vuelvo a comer a las tres de la tarde, y no vuelvo a probar bocado hasta las siete de la noche. Mi cena es ligera, una torta con una ensalada de lechuga o de repollo. Me encanta el repollo con zanahorias.

Mi hija me dice que la segunda parte de mi cena no cuenta como ensalada, pero yo le digo, que sí cuenta porque los dos ingredientes son vegetales. No he vuelto a comer mi pan de dulce, este es un sacrificio muy grande. No hay vida sin pan de dulce y café con leche, pero mi hija dice que un sólo pan de dulce tiene 500 calorías, sin contar las del café.

En fin, que esto de la dieta es un asunto de familia. Mi hija es una experta, porque ella ha perdido 100 libras. Lo hizo haciendo ejercicio, siguiendo una dieta muy rigurosa y atendiendo reuniones con un grupo de personas que se apoyaban mutuamente. A veces eso es lo que yo pienso que necesito, apoyo por personas que sean como yo.

Se me ha recomendado también el hacer ejercicio:

El único ejercicio que puedo hacer es el de caminar por 30 minutos. Los últimos tres minutos del tiempo del ejercicio son los peores. Me tengo que apoyar en la caminadora o máquina de caminar, porque mis piernas no pueden más.

¡Qué sacrificio más grande es el de perder peso! Pero si no lo hago perderé la vida, así tengo que ver mi problema. Un problema de vida o de muerte. También les cuento de mi problema con el ejercicio. Yo en mi juventud nunca hice ejercicio. En la secundaria, en la clase de educación física, lo único que yo hacía era caminar alrededor de la cerca de la escuela, mientras leía mi libro.

Veía con admiración y envidia a las compañeras que hacían deporte. Ellas usaban pantalones cortos y jugaban vóleibol o básquetbol. A mí me daba miedo que me pegarán con la pelota, o que me cayera y me sacara sangre. Ya parece que le iba a llegar herida y con el vestido desgarrado a mi mamá. Ella me pondría una tunda que no me quedarían ganas de volver a hacerlo. Así que ¿para qué tentar a la suerte?, caminando no habría problemas, ni con la ropa, ni con mi mamá.

Esta es mi vida actual, comiendo mis humildes frijolitos, haciendo mis ejercicios, pero al menos tengo el consuelo de ver mis telenovelas favoritas mientras camino.

María, María, María

Tu nombre es pronunciado con amor y devoción en las iglesias. Tu nombre es pronunciado con odio y con rencor en cantina de mala muerte. Hombres borrachos maldicen su suerte, culpando una hembra hermosa y valiente que despreció sus amores. La llaman: María la bandida, la mal agradecida, la infame mujer cuyo único pecado fue decir que «no» al malvado.

Mi nietecita nació y mi corazón se alegró al no dársele mi nombre. Se acabó la tradición, se terminó la devoción. Dejen descansar ese nombre, dejen descansar a las Marías en paz.

Desde hoy seré Cristina para amigos y conocidos, un nuevo nombre, un nuevo futuro.

Ojala que este nombre me traiga buena suerte y el futuro haga reír a Cristina.

Tengo que olvidar el pasado, el cual hizo llorar a María.

Mi Vejez Divino Tesoro

No más levantarme temprano para ir a la escuela. No más levantarme temprano para llevarte a la escuela. Se acabó la batalla en contra del tiempo. Se acabó mi pelea de todos contra mí y yo en contra de todos. Mis únicas citas son con mis doctores y yo pongo mi horario. Siempre escojo las once de la mañana o las dos de la tarde. Las once para ir a comer al Denny's después de ver al doctor. Las dos de la tarde para ir al Denny's para una cena tempranera.

Sólo vivo para mí, para cuidar de mi persona y de mi salud. Me levanto cada día para hacer lo que más me gusta: leer y escribir. Sólo le pido al cielo energía y fuerzas para levantar mis libros y mi pluma. Mis libros para leer, mi pluma para escribir. Siempre levanto mi pluma para plasmar en papel mis ideas, mis consejos para la juventud que se muere por vivir sin barreras, ni fronteras.

Yo vivo tranquila. Por fin, he conseguido lo que más quería, lo que me fue negada de niña, lo que me fue negado de adulta.

Mi Educación

En mi país, México, tuve la fortuna de ir a la escuela por once años. Terminé la preparatoria, pero mi sueño de ir a la universidad se esfumó. Hice la primaria y la secundaria de una manera normal, es decir, sólo asistiendo a la escuela y dedicando mi tiempo libre a ayudar en los quehaceres domésticos y a hacer mis tareas escolares. Cuando llegó el tiempo de ir a la preparatoria, me di cuenta que esto sería imposible. Mi familia no podía de ninguna manera darme dinero para mis libros escolares, porque éramos pobres.

Sentí que el mundo se terminaba para mí. El no ir a la escuela era como conocer el infierno en la Tierra. Me quedé en mi casa por un par de años ayudando a mis hermanitas con sus tareas escolares. Yo devoraba sus libros al ayudarles en sus tareas, memorizaba las lecciones y los poemas. El leer el periódico todos los días era como recibir un rayito de sol para mi alma adolorida, pues me fascinaba leer. A los 18 años, empecé a trabajar en una fábrica de costura. Por dos años, mi vida sólo fue del trabajo a mi casa, pero mi corazón no se resignaba a no ir a la preparatoria.

Un día pasé por una calle y leí el letrero que anunciaba una escuela. La escuela se llamaba: "Centro Cultural Lumen". Entré al edificio y pedí información. Me dijeron que la escuela era una preparatoria privada sólo para señoritas que trabajaban en el día y querían educarse por las noches. El horario era de 6:30 de la tarde a 9:30 de la noche. Sin pensarlo dos veces me inscribí. Fui a mi casa y les anuncie mis buenas noticias. «¡Estás loca!», me dijeron, «¿Cómo vas a ir a trabajar y estudiar al mismo tiempo?» Pero me aferré a este milagro que se me presentaba. Para mí, el ir a la escuela no era un sacrificio, para mí el ir a la escuela era tocar el mismo cielo.

Fueron dos años de empezar a trabajar a las 8 de la mañana y terminar a las 6 de la tarde. No había tiempo de ir a mi casa a cenar y descansar. Después del trabajo, me iba derecho a la escuela y aprovechaba mi tiempo en el camión para hacer mis tareas escolares.

Así, a los 22 años, terminé mi preparatoria. Mis amigas de la preparatoria, se preparaban con alegría para la próxima graduación, pero yo sabía que no tenía nada que celebrar, mis sueños de ir a la universidad eran sólo eso: sueños.

Mis hermanas pequeñas estaban en la escuela y el dinero nunca alcanzaría para ellas y para mí. Yo no me sentía tampoco capaz de ir a la universidad en la noche y trabajar en la costura por cinco años, la duración de mi carrera universitaria: quería ser abogada. Yo sentía luto en mi alma al ver mis sueños truncados una vez más. La directora de la escuela se enteró de que no asistiría a la fiesta de graduación y me animó a ir a la fiesta de graduación.

En esos tiempos la directora era Sarita Guerra. Ella me regaló un hermoso corte para que me hiciera mi vestido de graduación. La directora sabía de mis problemas económicos y siempre me recibía con una sonrisa al llegar a la escuela. Al darme el hermoso corte, me dijo con su dulce voz, «María, tú mereces ir a la fiesta de graduación, tú te lo mereces, por todos los sacrificios que hiciste para graduarte». Le agradecí el regalo, le di un abrazo y me fui a mi casa.

Al llegar a mi casa le dije a una de mis hermanas que hiciera vestidos para mis hermanitas pequeñas con la tela. «Se van a ver muy bonitas con vestidos nuevos», comentó mi hermana. Nunca le dije a mi hermana de donde venía el hermoso material, a veces hay que callar una verdad que nos duele.

No celebré mi graduación porque no tenía nada que celebrar. El no ir a la universidad fue como una puñalada al corazón. Prefería la muerte a vivir una vida sin mi educación, sin un título universitario.

Mi corazón dejó su país. Se fue a otro país que le abrió los brazos y me está dando mi tan anhelada educación. Este año me gradué de un colegio comunitario llamado College of the Canyons, traducido es el Colegio de los Cañones, que se encuentra en Valencia, California. El colegio comunitario es el equivalente a dos años de la universidad. Me faltan dos años más para graduarme de la universidad.

¿Qué son dos años comparados con los 30 años que he estado esperando para graduarme?

¿Cómo no querer a este país?

¿Cómo no estar agradecida, con todas las bendiciones que aquí he recibido?

Quisiera invitar a todo el mundo a que se eduquen, a que vayan a la escuela ya que la escuela es una bendición. Alguna gente piensa que estoy loca porque sigo estudiando a mi edad, pero bendita locura que me hace amar mi educación, mi nuevo país y mi nueva vida.

Nota de la escritora: Yo amo a los dos países: México y Estados Unidos, de una manera entrañable. En uno están mis raíces, en el otro está mi futuro: Mis hijos y mis nietos. Se puede querer a dos países, de la misma forma que queremos a nuestras dos familias: La familia de la niñez y la familia con nuestros propios hijos.

Mujer por la Gracia de Dios

Con mi pluma te alabo, con mi pluma quisiera darte lo que tantos te han negado. Nunca más inferior, nunca: «no sirves para nada». Nunca, nunca más. No estás sola, somos muchas como tú. Somos muchas, pero somos como fantasmas. Sólo aparecemos en la primera página de los periódicos cuando se nos mata. Cuando perdemos la vida a manos del que un día nos juró amor eterno.

El trabajo de la casa es interminable, pero lo haces con tanta sutileza que no parece trabajo. Tal vez, por eso el trabajo de casa no es pagado. Es gratis, como gratis es el canto del pájaro madrugador. Sin embargo, ¡Sí trabajas! Tus manos cocinan el sabroso pozole por el día y por la noche hacen feliz a tu hombre.

Mujer, tú mereces el cielo, tú mereces la luna, por sólo eso; por ser mujer, por la bendita gracia de Dios.

Mi Linda Muñequita

Mi linda muñequita que has llegado a mis manos después de haber tenido tantos dueños. Linda muñequita que ha sufrido tanto y que ha llegado a mí con corazón roto. A mí no me importa, muñequita, los otros dueños que has tenido. Yo curaré las heridas de tu cuerpo y las de tu corazón. Qué horror de vida que te hizo sufrir así, a ti que eres tan linda y buena. Con el dinero mal habido, sacaste adelante a tu familia. Gracias a ti, ellos no se murieron de hambre.

Gracias a ti, ninguna de tus hermanas tuvo que hacer lo que tú hiciste. Esos mismos familiares que tú ayudaste, hoy te han abandonado. Se avergüenzan de ti. Antes nunca les importó de donde venía el dinero que los sacó de la miseria. Nunca ahorraste para el futuro; creíste que tu belleza te duraría para siempre y la explotaste sin medida. Hoy que estas enferma y abandonada, yo te brindo mi amor y abrigo de manera desinteresada.

No necesito de tus caricias compradas, mi mejor regalo es tu compañía y alegría. Mi pobre muñequita, ¿Por qué no te conocí antes? ¿Por qué no te tuve a mi lado cuando fui un hombre joven y fuerte? Más sin embargo, no es demasiado tarde. Yo tengo 70 años, casi al final de mi vida. Tú eres una muñequita de 60 años, pero para mí siempre serás la muñequita del retrato que un día me regalaste. En ese retrato tenías 40 años, con tu pelo negro, largo y rizado. Hoy tú pelo es blanco, corto y sin rizos, pero yo veo la bondad del alma, no la belleza que se ha marchitado y marchado.

Sigamos juntos muñequita, nunca te acuerdes del pasado. Yo llenaré de alegrías tú vida y te haré nuevos versos cada día.

Mujeres Valerosas

A través de los siglos hemos conocido casos de mujeres extraordinarias; para ellas nunca hubo medallas ni condecoraciones. Sabemos de ellas, gracias a que sus hijos dieron testimonio de ese amor maternal. Ellas dieron la vida por sus hijos. Unas murieron al nacer los niños y sus nombres quedaron relegados al olvido. Otras mataron con sus propias manos al cobarde que abusó de algunos de sus hijos y la justicia de los hombres se ensañó con ellas.

Hoy en día, siguen habiendo mujeres extraordinarias; se esconden en las sombras temiendo ser descubiertas. Esconden su dolor, un dolor nacido del inmenso cariño que les tienen a sus hijos.

Que bandera más hermosa la del amor maternal, pero pocas madres llegan a este heroísmo. Una mujer temerosa de que la maldad pueda dañar a su hijita se duerme con ella cada noche. El marido no puede entender la situación y la abandona al paso del tiempo. Para esta mujer, no existen las medallas, no existen los nombramientos. Sus pequeñas manos abrazan a su hija, al no poder explicar el abandono del padre.

Yo entiendo el cariño de esta mujer, entiendo el dolor de no poder explicar lo inexplicable. Valerosas mujeres que ponen en primer lugar a sus hijos.

¡Hombres llegarán y se irán!

Nuestros hijos son para nosotras lo mejor de este mundo. Unas dieron su vida al nacer ellos, otras dan su vida día a día: trabajando por ellos, viviendo por ellos.

Pequeñas manos de mujer que abrazan con ternura a sus hijos, pero también levantan sus manos para protegerlos y para dar por ellos: la vida misma.

Mi Voz

Vete, vete y no vuelvas más. Dale a otro la oportunidad, cede a otro tu lugar. Llévate tu olvido, tus malos tratos, tus gritos y reproches. No pudiste cambiarme, quisiste que fuera sorda, ciega y muda. Lo que no sabías, es que yo nací una luchadora y no me acobardaba ante tu osadía.

Quisiste aplastarme como si fuera una alimaña, pero la alimaña eras tú. Me pusiste los cuernos tantas veces que perdí la cuenta. Angelito no fuiste, fuiste un pobre diablo que quiso destrozarme. Un día encontré mi voz y te dije, «¡Vete!». Un día abrí los ojos y te abrí la puerta, «Si no te ibas», te dije, «llamaré a la policía».

Aún recuerdo tus ojos mirándome con odio mientras me decías que un día me arrepentiría. Encontré la luz, encontré mi libertad otra vez.

Esta libertad, la quiero compartir con las que un día perdieron su voz al creer en las mentiras del que abusó y golpeó mientras decía: «Tú te lo merecías».

Matrimonio Feliz

«Ya nuestro pelo negro de blanco se vistió, ya nuestros hijos viven la juventud hermosa y yo vivo enamorado de ti, mi linda esposa».

El cantautor Josué, escribió los versos de esta canción, «Mi Linda Esposa».

Hace 40 años, cuando yo la escuché por primera vez, estaba soltera y en mi imaginación no estaba casarme ni tener hijos. A veces me pregunto:

¿Cómo es posible, el seguir enamorado después de 20 años?

¿Cómo seguir enamorados de la misma pareja cuando después de 20 años, no somos las mismas personas?

El tiempo, no es nuestro mejor amigo y al transcurrir, nos roba nuestra juventud y energía. Después de 20 años de matrimonio y de haber formado una familia, deberíamos de estar felices por estar vivos y amar a la misma persona. Sin embargo, para amar se necesitan dos personas y es muy triste cuando una pareja se desune. Cuando nos casamos prometimos amarnos y respetarnos.

La promesa no fue: te amaré si sigues conservando el mismo peso y la misma figura, te amaré si sigues conservando la misma cara y la misma personalidad. Con el tiempo, nuestro cuerpo cambia, nuestra cara y personalidad también cambian. Pero nuestro corazón no debería de cambiar. Nuestros corazones deberían conservar ese amor que un día nos llevó al altar.

Motivos

Todos buscamos un motivo para vivir. Los seres humanos a veces ponemos nuestros motivos en una sola persona. En el camino de la vida, nos damos cuenta que esa persona ha cambiado con el tiempo y por desgracia, nuestro motivo de vivir se ha esfumado.

Hay muchos motivos para vivir, sólo tenemos que buscarlos a nuestro alrededor.

La vida misma es un motivo.

La verdadera amistad es un motivo.

Los niños a nuestro alrededor son un motivo.

Los ancianitos caminando lentamente por el camino de la vida, son un motivo.

Nací Mujer

Dios de infinita misericordia, tú me diste la vida y eres el único que puede quitármela, ten un poco de piedad de esta tu hija.

Tú me diste estas manos que no se hicieron para acariciar, sino para tener un libro entre ellas.

Enamorada soy de las letras, me volvió loca el no tener que leer y no poder escribir.

Nací mujer y me piden hacer los quehaceres domésticos que nunca se terminan.

Nací mujer y me vi obligada a tener hijos y dedicarles cuidados y atención.

¡Unos me acusan de no tener cordura!

¡Qué locura es el decir lo que siento hasta quedarme sin aliento!

Ya no quiero esta vida, que más que vida es una condena eterna.

Tú me diste la vida y al darme mente sufro cuando pienso en las injusticias del mundo.

¡Yo no dejo de pensar en las penas que cargo como cadenas!

¿Quién las puede romper por mí?

¿Quién me puede liberar de mi locura?

¿Quién me puede regalar un poco de cordura?

Por un Vestido Blanco

En el nombre de un vestido blanco, cuántas vidas son dañadas o perdidas. Desde tiempos inmemorables se prepara a las mujeres para el matrimonio. Su vestimenta será un vestido blanco para honrar la pureza que la lleva al matrimonio. El esposo espera ansioso la llegada del día triunfal. El día en que su esposa llevará su nombre, será la madre de sus hijos, y su compañera de por vida ¿Cuántas mujeres son las afortunadas de lograr su deseo de casarse vestidas de blanco, con sus padres y amistades a su lado celebrando este maravilloso día?

¿Cuántas mujeres lloran toda la vida, la desgracia, de haber sido violadas en su niñez? Para ellas, ese vestido blanco es negado. Tristemente también la vida se ensaña con ellas, porque algunos hombres se burlan de su desdicha en lugar de ofrecerles rosas para que olviden su desgracia. Que el mismo cielo bendiga al hombre honrado, bueno y generoso que le da un hogar a una mujer a la que el vestido blanco se le ha negado.

Que se acaben esos requerimientos del pasado y que una boda sea para celebrar la unión de dos seres que se prometen amor eterno. Las vestiduras no duran toda la vida, pero un cariño sincero y verdadero durará una eternidad.

Mi deseo es devolver, si es posible, esa felicidad que todas las mujeres se merecen.

¡Vístanse de blanco, maravillosas amazonas! porque su alma es blanca, su corazón es puro y lleno de amor para su esposo.

¡Qué nunca más se escuchen llantos y sufrimientos por un vestido blanco!

Perdón

Pasando por esta vida ofendemos a veces a muchas personas. A veces es imposible quedarse callado cuando se nos hiere y al sentirnos ofendidos ofendemos. Al pasar el tiempo nos damos cuenta que la ofensa no fue para tanto. Que las palabras se las lleva el viento pero la ofensa no se olvida. Y así amistades que un día florecieron, mueren.

Enamorados que un día se juraron amor eterno se separan. Hermanos y hermanas que un día compartieron el mismo hogar, juran que nunca más volverán a hablarse.

El perdón es un don divino, tal vez por eso es tan difícil para los mortales el perdonar. Pasan los años y buscamos nuevas amistades, nuevos amores, con la esperanza de no volver a sufrir. Heridas, ofensas, mal entendidos, son parte de la vida. Las familias se dividen, las amistades se enfrían, los enamorados se separan. Perdón, una palabra de solo seis letras pero a veces esas seis letras son imposibles de pronunciar y de aceptar.

Perdón, perdón, perdón. Vuelve a quererme, vuelve a darme tu amistad, vuelve a escucharme como sólo tú lo hacías. Perdón, palabra que no pronunciaremos aunque el corazón sangre, aunque vivamos en la soledad.

Que tan difícil es aprender y practicar la lección del perdón.

Quince Años

Me quieres bella y feliz todos los días, entonces te daré una fotografía. La fotografía es de mis quince años, cuando no había nubes negras en mi horizonte, pero mis 15 años no duraron mucho. A los dieciocho años, tuve que trabajar en la fábrica de ropa, lo cual me dejó por siempre marcada.

¡Qué horror! ¡Qué depresión!

¡Tuve que cambiar mis libros por una máquina de coser!

Me sentía sola en medio de cincuenta mujeres, todas obreras como yo. Ellas reían y platicaban felices y yo sólo las escuchaba, porque sus bromas no me interesaban.

¡Qué locura! ¡Qué ruido! ¡Qué sacrificio!

El estar sentada en la máquina de coser, haciendo prendas para otros y nunca para mí. ¡Qué ironía! ¡Qué mala suerte! ¡Qué tristeza!

El tener sólo tres vestidos en mi guardarropa, sin dinero para mis libros y transporte.

Me casé creyendo que mi esposo pondría el mundo a mis pies. Con el tiempo aparecieron nubes negras en mi horizonte. Las nubes negras se convirtieron en un chubasco que casi me ahogaron. Golpes y heridas sufrió mi pequeño cuerpo, palabras hirientes, llenas de odio y de rencor no pudieron rendirme.

Me levanté un día, diciéndole al mundo, que ya no quería esa mala suerte, que aún me seguía. Un día descubrí un lugar maravilloso: la biblioteca pública. En la biblioteca encontré libros llenos de amor y alegría.

Ellos me dieron lo que los humanos nunca pudieron: la anhelada paz al alma mía.

Receta para el Perdón y el Olvido

En el 2016, se hará algo insólito, algo increíble. La iglesia ofrecerá perdón a las mujeres que han abortado. Mi primer pensamiento fue este:

¡Qué Bonito!

Mi segundo pensamiento se dirigió a mi hermana Lisa. Mi hermana Lisa me comentó lo siguiente, hace cosa de 20 o 30 años:

No es justo que los malos también se vayan al cielo, si ellos se arrepienten.

¿De qué sirve entonces el ser buena toda su vida, si al final todos nos vamos al cielo, buenos y malos?

¿De qué sirve ir a misa todos los días, trabajar en un trabajo honrado, tener una vida recta e intachable? Si al final, cuando me muera compartiré el cielo con bandidos y criminales.

Mi hermana tenía razón en hacer este comentario. Sin embargo, ella se olvidaba que uno de los requisitos o privilegios de ser un buen católico es el del perdón. Yo no creo que cuando nos vayamos al cielo, las gentes cargaremos un letrero en el que se diga:

Yo fui bandido.

Yo fui ratero.

Yo fui maestra.

Yo fui buena madre.

Yo fui mala madre.

Mi hermoso maestro de filosofía nos dijo un día: «Dios es el amor mismo» y yo pensé: ¡Qué Bonito!

Sin embargo, después de mi clase me tuve que ir a mi casa en el camión. Llegando a mi casa me recibió mi madre enojada y gritándome como siempre. Yo hubiera querido quedarme en mi salón, escuchando las palabras del maestro una y mil veces más. Yo renegué de mi madre, en silencio la odiaba, pero también me resignaba. Ni modo de matarla, yo no era una criminal. Al hacerse posible este milagro de perdonar a las mujeres que han abortado, yo repito como una oración las palabras de mi maestro:

Dios es el amor mismo.

Mi deseo es que este perdón no se quede ahí. Ya que están perdonando, que se perdone también a las malas madres que golpearon y gritaron a sus hijos. Que se perdone también a las mujeres que no podemos perdonar al hombre que abusó de nosotras, que nos golpeó sin piedad y que nos robó el alma blanca y bonita que un día tuvimos.

¿Quién tiene la razón?

¿Mi hermana con sus ideas o la iglesia con su perdón?

Yo sólo quiero la medicina del olvido, la que me haga arrancar esta memoria que me mata. Tengo memorias bonitas como las de mi maestro inolvidable, el día de mi boda, el nacimiento de mis hijos, pero también tengo memorias malditas que me atormentan, que no me hacen sentir otra vez como la estudiante del antaño soñando y pensando:

¡Dios es el amor mismo! ¡Qué Bonito!

Roberto

Roberto, Roberto, Roberto tu nombre dice tanto a mi corazón. Tu nombre me llena de ilusión, tu nombre me invita a pensar en cosas lindas que me pueden pasar.

¡Qué ironía, te he conocido al final de mi vida!

He caminado sola, sin amor y sin ilusión por muchos años.

Ayer te conocí y desde entonces repito tu nombre como una oración.

Roberto, Roberto, Roberto, nunca sabrás lo que despertaste en mí.

Eres tan guapo, que de seguro has despertado el mismo sentimiento en tantas mujeres. Seguiré pensando en ti, en las palabras que me regalaste, en tu sonrisa tan varonil. Mi bufanda roja cayó al suelo y tus manos la recogieron y la pusieron en una silla. No pude decir que la bufanda era mía, tu sola presencia me imponía, me dejaba sin aliento. En mi silencio seguiré diciendo tu nombre, como una oración, como una bendición.

(Nota: estimadas lectoras, tienen mi permiso de cambiar el nombre de Roberto por el de David, Sebastián, William, Pedro, Miguel, Maluma o Alfredo).

Preguntas a la Vida

«La vida es una subasta donde se compra y se vende, donde se vive y se goza donde se sufre y donde se aprende». El cantautor Napoleón escribió los versos de esta canción hace muchos años. Mi cumpleaños ya viene. Yo no quisiera acordarme de él, pero tengo que celebrarlo con mis hijos. Me pondré la máscara de la felicidad. Mis hijos no tienen la culpa de mis desventuras. Ellos quieren darme la alegría de celebrar otro cumpleaños.

Dicen que aquí se sufre, pero también se aprende:

¿Qué podemos aprender del sufrimiento?

¿Acaso el aprender es no volver a repetir los errores del pasado?

¿Qué errores he cometido yo?

¿Cuál es mi culpa en haber perdido a mi esposo?

¿Cuál es mi culpa en no tener un título?

Si pudiera volver el tiempo atrás lo haría. Si pudiera volver el tiempo atrás, me olvidaría de mi familia y acabaría mi carrera. Si pudiera volver el tiempo atrás, nunca me hubiera casado y nunca hubiera tenido hijos.

A veces pienso que no soy ni de aquí ni de allá. Deje mi país hace 40 años buscando una vida mejor y sólo he encontrado una cadena de sufrimientos. «Por eso venga la vida con esperanza a quien vida tenga» -Napoleón

¿Pero qué es la esperanza?

¿Acaso después de haber vivido 50 años, todavía hay esperanza de un futuro mejor? ¿Acaso nos volveremos ermitaños y viviremos en un mundo donde el pasado es el futuro?

Esta semana empiezo mis clases en la Universidad de Bakersfield. Me quiero aferrar a un futuro mejor y dejar de llorar por un pasado que es imposible cambiar. Sí, el pasado no lo podemos cambiar, pero el futuro es nuestro. La vida sigue su curso y tenemos que buscar lo mejor de ella. La esperanza de una vida mejor es un derecho sagrado que nos da la misma vida.

Silencios

La India María hizo muy popular una conocida frase mexicana: «El miedo no anda en burro». Ella se dirigía al mensaje que cada mexicano entiende al referirse al miedo. Sí, a ese miedo que se le tiene al desalmado que puede hacernos daño, o al policía que escudado por su placa, hace daño al desvalido. La India María decía sus chistes y el público reía.

La semana pasada visité Tijuana, sólo por un día; me lleve moneditas y juguetes para los niños de la calle. En mis anteriores vistas los he visto recorrer las calles de Tijuana pidiendo ayuda para sobrevivir.

Mi sorpresa fue mayúscula al llegar a Tijuana y no encontrar niños de la calle. Terminé mi visita y volví a Santa Clarita, mi hogar por los últimos 32 años desde que salí de México. Hoy escribiendo de mi vista a Tijuana no dejo de acordarme de la India María y su popular frase, pero en este caso no hay risas del público o, porque en México no hay más niños recorriendo las calles de Tijuana pidiendo ayuda para sobrevivir.

El no escuchar sus voces, me llena de miedo y de angustia.

Ya no hay voces infantiles en las calles de Tijuana, sólo silencios.

Sin Razón

Vi a la pequeña familia dirigirse a su auto. El auto estaba estacionado al lado del mío. La madre llevaba un bebito en los brazos. Un niño de cinco años caminaba a su lado. La madre le dio al niño las llaves para abrir el carro. Las pequeñas manecitas luchaban con la cerradura. «Apúrate muchacho estúpido», le decía la madre. Me quedé helada al escuchar sus palabras de enojo en contra del niño.

«El niño no está haciendo otra cosa que tratar de ayudarla», le dije, «¿por qué se ensaña con él diciéndole malas palabras?», agregué. «El muchacho tiene la culpa», me contestó, «porque no se apura».

«Mire señora», le dije, «este niño va a crecer y a recordar sus malos tratos, es sólo un niño y no merece que lo trate así». Se subió al carro, la mujer, y no me contestó.

Con tristeza vi alejarse la pequeña familia.

¡Qué horror de vida le espera a esos pequeñitos, al lado de esa madre!

Dios le puso esos angelitos en sus manos y en lugar de amar al niño, la madre, lo maltrataba.

¿Cómo cambiar el corazón de la gente?

¿Cómo hacerles entender que los pequeñitos crecerán y los malos tratos recordarán?

No hay excusa de decir: a mí me hacían lo mismo de niño o de niña.

Todos podemos aprender a ser bondadosos y amables con el prójimo.

En especial con los pequeñitos que ponen toda su confianza y amor en esos padres que hoy los maltratan, sin razón.

Secretos

Se dice que el mejor secreto es el que no se dice. Todos, en el camino de la vida, hemos tenido o guardado un secreto. A veces el secreto es dulce y hermoso, a veces el secreto es amargo y doloroso. El secreto es dulce cuando se trata de un amor de juventud que no se realizó. El secreto es amargo, cuando se trata de cubrir la pena producida por maltratos físicos o una violación.

Mi maestra nos enseñó a leer con la siguiente rima: Mi mamá me mima. Yo escribí la rima, pero no podía relacionar la rima a mi mamá. Mi mamá no me mimaba, mi mamá me pegaba. No podía decir esto a mi maestra o a mis amigas de la escuela, porque era mi secreto. Mi maestra nos enseñó a cantar en la escuela. Unos de los versos decía: Tengo una muñeca vestida de azul. Una vez más, repetía cosas que no se relacionaban conmigo. En mi humilde casa, no había muñecas para mí.

Yo no jugaba con muñecas, yo jugaba con mis pequeñas hermanas y las cuidaba mejor que a ninguna muñeca. Mis hermanas eran mi adoración, mi vida entera. Muchos niños pobres no pueden relacionar lo aprendido en la escuela, a la fría y cruda realidad que viven en el hogar; rodeados de violencia, carencias y pobreza.

Mi niñez fue truncada por una terrible violación. Un vecino me violó cuando yo tenía siete años. No podía decir esto a mi mamá, porque le tenía miedo; mi mamá me golpeaba frecuentemente. Nos mudamos a otra casa y nunca más volví a verlo. Callé mi amargo secreto por muchos años en mi corazón.

Ya no soy niña de siete años, han pasado muchos años y hoy en día soy maestra. El increíble y maravilloso amor que mis maestras me dieron me ayudó, en cierta forma, a vencer las penurias que vivía en mi casa. Ese aprendizaje escolar me ayudó a ayudar a mis hermanas en mi casa, a mis hijos, y hoy en día a mis estudiantes.

Sé que cuando les doy una lección escolar, unos alumnos no pueden creer que la lección se aplique a ellos. Pero ellos saben que yo viví en la pobreza, que yo sufrí de niña y que con mi ejemplo: les doy esperanza en el futuro.

Triste

Cada vez que tú te vas, me quedo triste. Cada vez que tú te alejas, siento que me muero. Tú eres mi amor, mi vida, mi todo. Antes de conocerte yo no vivía, antes de que tú llegaras, mi vida era una monotonía. Llegaste a traerme felicidad, dicha entera sin medida.

No quiero compartirte con el mundo, no quiero compartirte con tu familia. Cada vez que tú te vas, presiento que ya no volverás, que volveré a ser una roca más de las veredas. Cada vez que tú te vas, mi alma empieza a llorar. Ella presiente el adiós que un día llegará. Cada vez que tú te vas me quedo triste.

Tía María

Las primeras memorias de mi tía María son de cuando yo tenía nueve años. Mi tía y mi abuelita Margarita, quien era la mamá de ella y de mi papá, vinieron a mi fiesta de mi primera comunión. Después, recuerdo que me quedé en su casa por varios fines de semana. Mi tía nunca tuvo hijos y trabajaba en la tienda ayudando a su esposo, Roberto. Por conversaciones que escuchaba mientras iba a la cocina por agua y después a mi cuarto, me di cuenta de su triste pasado. Ella había tenido que huir de su primer esposo quien la golpeaba y culpaba por no tener hijos. En Roberto, ella encontró un hombre comprensivo que la valoraba como mujer responsable y trabajadora.

Roberto se iba todos los días al mercado a comprar los comestibles que se venderían en la humilde tiendita. Mi tía preparaba tortas y champurrado para los humildes trabajadores que llegaban de paso a su trabajo. Ella sólo cobraba unos pocos centavos porque sabía que los trabajadores apenas tenían para sobrevivir. Muchas veces les regaló el sabroso champurrado al darse cuenta que sólo podían comprar una torta y se iban sin su bebida favorita. Nunca los dejaba irse con las manos vacías: «Llévese una fruta para el camino», les decía amablemente.

Los clientes regresaban y esas moneditas un día se convirtieron en pesos suficientes para hacer su tiendita más grande. Roberto no tenía que ir al mercado por más mercancía. Un camión llegaba cada semana a surtir la tienda, tienda, que ellos llamaron: "Abarrotes Doña María." Ellos trabajaban juntos los siete días de la semana. Mamá la visitaba de vez en cuando. Yo iba feliz a la visita porque mi tía me dejaba comer las golosinas que yo quisiera. En una visita, ella le regaló a mamá unos metros de tela. Con esa tela se hicieron vestidos para mí y mis hermanitas.

Siempre le pedía a mamá permiso para quédame con mi tía el fin de semana, pero esto fue sólo por muy poco tiempo. Un día se me avisó que mi tía estaba enferma y que iríamos a verla al hospital. Me quedé afuera del hospital cuidando a mis hermanitas mientras mamá la visitaba. Después de unas horas, mamá salió del hospital llorando. Entre sollozos nos dijo que mi tía había muerto. Mis hermanitas y yo traíamos puestos los vestidos que se hicieron con la tela regalada por ella, unos meses antes.

En los años que conviví con mi tía María, me pude dar cuenta de la maravillosa mujer que era. Su esposo, Roberto, lloró sin consuelo el día del funeral. También estuvieron los vecinos y los trabajadores que siempre ayudó. Mi familia lloró la perdida de esta gran mujer. Ella no fue una pariente más en la lista de parientes y familiares. Ella se dedicó a cuidarme y alegrarme los pocos fines de semana que pasé a su lado. Descanse en paz mi tía María. Ella me dejó el legado de la alegría y a no dejarme vencer ante las penas y desgracias que nos trae la vida.

Un Círculo

Desde que amanece hasta que anochece tengo que trabajar, porque siempre hay platos que lavar y siempre hay gallinas que cocinar.

Desde que amanece hasta que anochece, siempre hay ropa para lavar y planchar.

Desde que amanece hasta que anochece, siempre hay ropa por coser y carros que componer.

Desde que amanece hasta que anochece, siempre hay niños que cuidar y niños a quien enseñar.

Desde que amanece hasta que anochece, siempre hay campos que cultivar y cosechas que levantar.

Desde que amanece hasta que anochece, siempre hay gente que curar y cuentas que pagar.

Desde que amanece hasta que anochece, siempre hay gente que encerrar y locos que perseguir.

Desde que amanece hasta que anochece siempre hay cosas nuevas que inventar, nuevos planetas que descubrir, cuentos que escribir, poemas que declamar, pero nunca hay tiempo para descansar. El pobre se levanta con el sol y se duerme sólo un ratito para volver a empezar a trabajar.

Vino el Amor

Llegaste a mi lado cuando yo estaba sola; sola y muy herida por culpa de un mal amor. Mi corazón herido no quería volver a intentar ninguna nueva relación. Tú no te diste por vencido; volvías todos los días, buscando mi sonrisa, llenándome de amor. Poco a poquito entraste a mi corazón y la herida sanó con tu devoción. Tu locura por mí borró la amargura que sentí. Yo aprendí a decir tu nombre con ternura.

Juntos empezamos a caminar, me hiciste tu esposa, pusiste el mundo a mis pies. Dicen que el amor es ciego y el amor no dura, pero el cura ha bendecido nuestro amor y la maldad nunca nos tocará.

La vida me brindó otra oportunidad para ser feliz, al conocerte a ti.

Hoy les doy este consejo, no dejen pasar al amor. El amor es como un buen vino, que alegra siempre al corazón.

Poesias

Amor de los Dos

Que nos dejen amarnos, en la calle, en el trabajo y en nuestro hogar.
Que nos dejen amarnos, aunque tú hayas nacido hombre y yo también.
Que nos dejen amarnos, aunque tú nombre sea Marcos y el mío Rene.
Que nos dejen amarnos, porque nuestro amor no sabe de límites ni de horizontes.
Que nos dejen amarnos, porque nuestro amor no sabe de papeles ni de historias.
Nuestro cariño es tan inmenso cómo el cielo y el mar.
Nuestro cariño es tan hermoso y el cielo es nuestro testigo.

Aquí Estoy

De niña quería ser invisible, no notada.
Escondía mi carita detrás de mis libros.
Una violación me dejó marcada para siempre.
Mi juventud fue una mentira, nunca existió.
Tenía alma de viejita, anhelando la quietud.
Mi parte de mujer quería esconderla, dejar ver
sólo al marimacho, tan odiado por mis padres.
Me hice fuerte ante el dolor, sin poder cambiar
ni mi suerte, ni mi fortuna.
Anduve como las piedras, rodando por los caminos
sin echar raíces, ni aquí, ni allá.
Aquí estoy, tal y como soy, odiada por muchos,
querida por pocos.
Aquí estoy, no me doblo ante el infortunio,
me quieren muerta mis enemigos, me mantengo
viva gracias a mis amigos.
Ellos me quieren tal y como soy, rechazada por
mi gente, mi propia familia, que no me entendía.
Aquí estoy, aprendiendo y enseñando, caminando
y recordando, pero amándome tal y como soy.

Amistades y Familiares

En este mundo todo se acaba, amistades y familiares.
Yo no busco un imposible para acabar mis pesares.
Mejor es vivir tranquilo sin penas, ni sobresaltos.
La vida nos da tristezas cuando la muerte toca
a la puerta y así se acaban amistades y familiares.
La vida nos da alegrías tan efímeras como el río,
pero la muerte nos llega y la muerte no respeta.
Se lleva a todos por igual, con belleza o sin belleza.
Con mis manos muy juntitas elevo una plegaria,
como lo hacía de pequeñita.
Mis plegarias de antaño siempre fueron escuchadas,
pedía por mi familia, que siempre fuera afortunada.
Mil bendiciones pedía para los míos y parientes,
nunca pensé en los vecinos, ni en la demás gente.
Hoy que vivo sola y triste sin parientes, ni amigos,
vuelvo a pedir bendiciones, rezando mis oraciones.
Mis muertos están conmigo, nunca serán enemigos,
ellos ya descansan en paz y yo me he quedado atrás.

Buscando a María

¿En dónde está María?
¡La busco y no sé en dónde está esa tía!
¡La busqué por aquí y por allá, y no la pude encontrar!
Dicen que se fue al Norte a buscar fortuna,
a buscar amor, cosas que aquí no pudo encontrar.
¿Cuándo volverá María?
¿Cuándo volverá otra vez?
¿Cuándo volveré a besarla otra vez, cómo ayer?
Se fue con el alma destrozada, dejando atrás
su madre y sus hermanas.
No encontró fortuna, no encontró el amor,
pero le robaron un pedazo de su corazón.
Pobre palomita que aprendió a volar y
perdió sus alas en su peregrinar.
Si usted la encuentra, regálele amor,
regálele un poco de su corazón,
para calmar un poco su dolor.

Brindando a Solas

Ando cantando a los cuatro vientos,
la soledad que me está matando.
Tomo y suspiro, canto y escribo,
con tu recuerdo sigo penando.
El cantinero me pide un carro,
porque no puedo caminar, ni manejar.
Llego a mi casa a descansar, pero
la soledad me vuelve a acompañar.
¡¿Cómo dormir?, ¿cómo dejar la botella,
desde hoy, mi eterna compañera?!
Mis labios pronuncian tu nombre,
mi corazón sufre, sufre y sufre.
Devuélveme la vida, vuelve otra vez.
Tráeme otra botella para brindar, otra vez.

Camiones y Millones

En este mundo cruel, los cantantes famosos ganan millones,
mientras los pobres, sólo cantamos en los camiones.
Hay regalos en los cumpleaños y hay regalos en navidad,
para los ricos que pueden comprar la felicidad.
Los pobres que trabajan, día con día, no saben de felicidad,
ni siquiera en navidad.
Dicen que ser pobre no es un delito.
Los que nacen en la pobreza, son condenados a la tristeza.
Los milagros sí existen, predican los religiosos, pero el milagro
más grande: él de acabar con la pobreza,
espero verlo llegar o me muero de tristeza.

Cuatro Veces

Cuatro veces mi cuerpo se embarazó.
La primera vez fue una novedad, una alegría sin medida.
La segunda vez casi me cuesta la vida: «un parto difícil»,
dijo el doctor, y yo muriéndome de dolor.
La tercera vez iba a ser la última, me salvé de milagro
de una operación; mi cuerpo estaba cansado, ya no podía más.
Sin embargo, sin planearlo, me embaracé otra vez.
Mi último hijo llegó por medio de una operación.
Mi cuerpo cansado y lastimado se alegró, aunque mi último
embarazo fue el peor.
Yo creí que me moría, que no me salvaría.
Los doctores me cuidaron, los doctores me operaron.
«No más embarazos», me dijeron.
«Eres una buena mujer, pero tu vientre
no te quitará la vida, al no volver a dar vida».

Dos Casas

Casa grande, casa chica: ¿A quién le importa?
¡Si yo pago las dos!
Tengo dos mujeres y muchos hijos con las dos.
No tengo culpas, porque nunca les mentí.
Ellas se conformaron con lo que les di.
Tengo hijos ya grandes, ellos se avergüenzan de mí.
Me reclaman mis locuras y que nunca tuve cordura.
Yo me quedo muy callado, porque tienen la razón.
Yo no tuve valor para romper el corazón a una de mis mujeres.
Yo reconozco mis culpas ante mis hijos ya adultos.
Yo les pido compasión, para este hombre sin razón.
En este mundo hay gente buena y gente mala.
Mi maldad, mis hijos no me perdonan y se han alejado de mí.
Pagaré con mi soledad, todo el cariño que perdí.
Si de algo sirve mi historia escuchen este consejo:
Nunca tengan dos familias, porque al paso del tiempo
se quedarán solos y tristes; como le pasó a este viejo.

Dos Caminos

Entre dos caminos me encuentro, en uno: mujer e hijos,
En el otro: diversión, mujeres y vino.
¿Cuál camino seguir?
Los dos me parecen buenos; la vida me dice que tengo que escoger.
¿Quién fuera mago, para estar en dos lugares al mismo tiempo?
Pero yo no soy mago, sólo soy un pobre mortal con dos caminos.
Hoy tengo que escoger la vida que mañana seguiré.
¡Si escojo mal, con mi propia vida pagaré el daño que causaré!
(Dedicado al famoso y guapo, Erik Estrada)

Ermitaña

Triste y efímera fue mi vida, siempre rodeada de alimañas.
Ellas me querían hacer daño porque no tenían entrañas.
Viví sola como una ermitaña, nadie nunca me entendía,
yo solita me escondía.
No lloren mi ausencia, lloren por ustedes mismos.
Ahí se quedan a penar, yo ya termine mi andar.
Cuídense siempre las espaldas, no confíen en los que se ríen.
Ellos tienen gran coraza y siempre buscan la caza.
Recuerda hoy mis palabras que aunque yo me haya ido,
el viento las recogerá y las silbará en tu oído.

Felicidad Escondida

Tres mentiras ella le dijo a su familia.
¿Por qué no podía decir la verdad?
Su verdad era muy triste y ella quería felicidad.
Así mintió a sus padres, los abuelos y hermanas.
Escondió entre las sombras la felicidad prohibida para ella.
En su ser había luz para iluminar al mundo, pero las tres mentiras
la obligaban a callar su felicidad escondida.

La Última Historia

Se acabaron las historias hoy, la tinta se secó.
¿Para qué seguir llorando, por lo que hoy se terminó?
Escribí tantas historias que te hicieron tan feliz,
tu risa tan contagiosa a todos hacia feliz.
Esa risa se ha apagado, la muerte nos separó.
En esta última historia, el final es infeliz.
Tú te has marchado hasta el cielo, los ángeles
te llevaron, yo me quedo en el infierno,
pues sin ti la muerte quiero y espero.
Se acabaron las historias, hoy la tinta se secó.
¿Para qué seguir llorando, por lo que hoy se terminó?

Lágrimas de mis Hijos

Perdóname que no te deseé buena suerte, ni que te vaya bonito.
No soy una santa para darte bendiciones.
Te deseo que te parta un rayo y que te lleve el diablo.
Quiero que pagues por todas las lágrimas que mis hijos derramaron el día que tú nos dejaste.
Destruiste tu hermosa familia por andar de viejo rabo verde y calenturiento.
Las joyas que a ella le compraste, es el pan que tus hijos no comerán.
Para mis hijos y para mí, tú ya estás muerto.
Nunca vuelvas a pedir perdón y tu castigo será
que nunca volverás a verlos.
Nuestra tristeza se acabará un día, pero la maldad que nos hiciste nunca terminarás de pagar.

La Caminante

Estos versos son de Antonio Machado y ellos inspiraron mi poema. «Al andar se hace camino y al volver la vista atrás, se ve la senda que nunca se ha de volver a pisar».

Mi cansancio no es de caminar, mi cansancio es de vivir.
Esta senda no es para mí, esta senda no me gusta.
¿Quién escogió mi camino?
¿Quién es el culpable de mi sufrimiento?
Mi senda es la misma de siempre,
mi caminar me asusta y me desespera.
Vuelvo la vista y sólo veo desolación.
El mar se llena con mis lágrimas, el mar me llama cada día,
menciona mi nombre, me llama: María.
Quiero dejar de ser caminante.
Quiero olvidar las voces del pasado.
Quiero decir adiós a la vida, quiero responder al llamado del mar.
El mar cubrirá un día la tierra, el mar borrará todos los caminos.
El mar será nuestra última morada.
¡Ya no habrá más caminantes!

La Eterna Espera

¡Se me va la vida y yo quiero que se vaya ya!
¿Quién quiere una vida cómo la mía?
¿Cómo la mía, que es llorar todo el día?
De dolor a dolor, paso a la desesperación.
La soledad y desamor me llena de desolación.
Conocí el amor, pero se fue cuando llegó el dolor.
Tuve dinero y fortuna, pero se perdieron, no sé ni dónde.
Dicen que existe el cielo, que existe la eternidad,
yo estoy lista para enfrentar el más allá.

La Cita

Te llamo, te grito y como loca repito tu nombre una y otra vez.
Sé que no me escuchas más, porque hoy te has marchado.
Hoy caminas por la vida, llevando una bonita y joven mujer a tu lado.
¡Pero cómo me ves, te verás!
Dentro de 20 años, esa misma mujer te llamará «viejo decrépito»,
en lugar de «mi amor».
Dicen que el tiempo cura las heridas y el tiempo será mi amigo.
¡Un día nos veremos cara a cara!
¡La cita es en 20 años!
Te apuesto que te encontraré tan solo, como hoy me dejaste a mí.
(Dedicado a la maravillosa Paquita la del Barrio)

Lluvia y Dolor

Olor a tierra mojada, olor a tortillas quemadas.
¡Cómo me gustan mis tostadas! aunque a veces
se me pasan de tostadas y me quedan quemadas.
Mi hambre es mucha, mi paciencia es poca, me como
mis tostadas como están, porque es lo único que hay.
Llueve y no puedo trabajar y la renta no se quiere esperar.
Llueve y la lluvia me llena de pesar, al pensar en mi dolor.
Dolor de pagar la renta, dolor de comer tostadas quemadas.
Estoy solo en mi dolor, mientras la lluvia me castiga con su cantor.

Mujer

Hay tantas canciones y poemas dedicados a la mujer,
que uno más, de mi pluma, no está de más.
¡Qué persona más linda y maravillosa es la mujer!
Ella es dadora de vida, dadora de amor y bendición.
Por ella se han ganado mil batallas,
por ella, se ha brindado con botellas.
La encontramos en el aula, en el hogar y en la oficina.
Su mundo puede ser pequeño o grande como una esquina.
Ella decide que hacer o deshacer,
aunque a veces se ve obligada a obedecer.
¡Qué triste cuando su belleza se marchita,
sin haberle dado la felicidad tan merecida!
¡Qué triste cuando su pluma no escribe más,
porque el dolor no la deja escribir!
Que este poema sea un himno de agradecimiento,
a esos seres que responden al nombre: mujer.

Norte o Sur

Me voy al Norte o al Sur qué más da.
Quiero encontrar fortuna, quiero encontrar amor.
Quiero encontrar consuelo, para mi corazón.
Se me cerraron las puertas, se cerraron los caminos.
¡Cómo seguir caminando, sin alas!,
si me quitaron las ganas de vivir.
No hay consuelo para el pobre, no hay consuelo en mi tristeza.
Me voy al Norte o al Sur, para cambiar mi pobreza.
No quiero bajar estrellas, quiero subirme con ellas
para sentir por un día, qué se siente estar en las alturas.
Seguiré con mis locuras, seguiré buscando olvido.
¿Qué más da un lugar que otro?, mi destino es recorrer caminos.
Despedida no les doy, porque no los conocí.
Si un día escuchan mis versos, sé que se acordarán de mí.
Sigan el Norte o el Sur, uno u otro, qué más da.
El chiste es seguir viviendo, aunque por dentro me estoy muriendo.

No te Puedo Olvidar

¿Por qué me acuerdo tanto de ti?
Ya han pasado veinte años, desde que te perdí y aún me acuerdo de ti.
Este loco corazón no te quiere olvidar y sigue latiendo sólo por ti.
Fuiste el mejor de los hombres, fuiste mi primer y único amor.
Me tratabas como reina, ponías el mundo a mis pies.
Este mundo es tan frío, me hace falta tu calor.
¡Qué me consuele y me resigne!, me aconsejan mis hermanas.
¡Qué vuelva a vivir y ser feliz!, me aconsejan mis amigas.
Lo que ellas no saben, ni se imaginan, es que tu dulce
recuerdo, es lo único que yo necesito en mi vida.
(Dedicado a todas las mujeres que tuvieron la dicha de tener un
buen hombre).

No Existen

No existen, no importa lo que el mundo diga.
No existen, se han ido y nunca volverán.
No existen, sólo existen en mi corazón.
Cierro los ojos y pretendo oír sus voces infantiles,
llamándome mamá.
Cierro los ojos y pienso que mañana volverán a verme,
pero es mentira, una dolorosa mentira, porque no existen.
¿Acaso existieron un día?
¿Acaso fueron producto de mi delirio?
Los huérfanos no tienen padres.
¿Cómo se llaman los padres sin hijos?
No existen para el mundo, pero existen para mí.

No soy Yo

No soy yo, la que hace latir tu corazón cómo lo hacía ayer.
No soy yo, la que hoy quieres ver cada día al despertarte.
No soy yo, la que hoy es la dueña de tus caricias y tu amor.
No soy yo, la dueña de tus quincenas y chequera.
Haz comprado a otra con tu dinero, a mí, me compraste con rosas.
Sólo le pido al destino que ilumine tu camino.
Mi camino ha quedado hundido en las sombras y las tinieblas.
Tuviste mi amor y no lo apreciaste, porque eres hijo de la mala vida.
Una mala vida es lo que te espera para que pagues mi sufrimiento.

Rodolfo

Cuando te conocí, ya eras de otra y yo no lo sabía.
En tus fuertes brazos me dormía, sin pensar que en el mañana
ya nunca te tendría.
Fue un día gris y triste, el día de tu partida.
No pude luchar por tu cariño, la lucha estaba perdida.
«Un mal sin remedio», dijo el doctor.
Un corazón débil, pero con mucho valor.
La muerte llegó callada y silenciosa a robarme tu cariño.
Tu cariño a mí me pertenecía,
desde el día que te conocí y me enamoré de ti.

Paloma

Vuela paloma, vuela otra vez y que en tu vuelo encuentres
a quien pertenecer
Vuela Paloma, vuela otra vez, porque volando vivirás otra vez.
Vuela Paloma, vuela otra vez, porque tú mereces volver a querer.
Cuando ya cansada quieras descansar, haz un nido con alguien
que te sepa apreciar y valorar.
¡Vuela Paloma, vuela otra vez!
¡En tu vuelo encuentra a quien pertenecer!

Promesa Olvidada

Mi hijo me prometió una casa para mí.
La comprará en diez años, fue el plazo que me dio.
Ya pasaron tres años de esta promesa, tan dada.
¡Con ilusión yo pensaba, que sólo siete faltaban!
Mi hijo ya se casó y su promesa se le olvidó.
Le compró casa a su esposa y de mí, ni se acordó.
¡Qué penas que da la vida: sin casa, sin hijo y sin nada!

Recuerdo de Esperanza

Te quitaron todo, corazón.
Lo que se te había dado con tanto amor,
un día triste y amargo te fue arrancado de tus manos.
Sé que no eran míos, sé que eran prestados,
pero lo que nunca me imaginé, fue que todos
se fueran de mi lado al mismo tiempo.
La tristeza me lleva a la locura, ¿de qué me sirve la cordura,
si ya no tengo por quién vivir?, hoy sólo quiero morir.
Paloma linda y ligera, tú que vuelas en el cielo, llévales
este recado a los seres amados que he perdido.
Diles que vivo sola y triste, diles que vengan por mí.
Diles que mi amor de madre, no sé a quién dárselo más.

Sí

«Sí», tan sólo dos letritas que dicen tanto, tanto a mi pobre corazón.
Sí, te pido que me aceptes del modo como soy, pero por ti seré más, más y más mejor.
Sí, acepta por favor, sin dudas y recelos lo que hoy te pido yo.
Sí, dime que sí mi vida, devuélveme la vida que un día te entregué.
Sí, sí y sí quiero escucharlo de tus labios, porque sé que
será como una oración, salida de tu hermoso corazón.
Regálame el ansiado sí, ya no me hagas sufrir.
Devuélvele el alma a mi corazón, que al no tenerte ha perdido la razón.
(Dedicado a todos los que todavía creen en el amor)

Sor Juana y su Legado

Linda mujer de las letras, linda mujer del pasado.
Nos has dejado el legado de tus rimas y poemas.
No pudieron los malditos, esconder tanta belleza.
No pudieron los malditos, robarnos de tu pureza.
¡Qué mujer tan bien dotada, que mujer tan ilustrada!
¿Quién pudiera -yo pregunto- tener un poquito de tu talento?
Viviste muy poco tiempo, te lloramos los que te amamos.
Los que perdimos tus versos, esos versos tan pulidos,
esos versos tan queridos.
Nunca te diré un adios, porque mañana te volveré a ver.
Siempre te tengo en mí ser, siempre te tengo en mi mente.
Bendita locura mía, la de ser tu ferviente admirador.
Yo que vivo en el presente, lloro por el ayer.
El ayer, cuando tú reinabas, como la reina de las poesías.

Se fue el Sol

Aunque tú no me quisiste, yo si te quise.
Aunque tú ya me olvidaste, yo no te olvido.
Fue amor de uno, pero éramos dos.
Fue un amor pasajero para ti, pero para mí era verdadero.
Te recuerdo como ayer, con tu traje blanco, como la espuma del mar.
Con tus ojos azules en donde yo me miraba embelesada.
Te fuiste una mañana fría y lluviosa, llevándote el calor del mundo.
Me dejaste abatida y llorosa, sin ti se fue el sol, se fue mi mundo.
(Nota: La siguiente poesía se parece un poquito, pero no es la misma)

Sol de mi Vida

Te quisiera regalar el sol mi amor, pero sé que te puedes quemar
y como el sol no te lo puedo dar, entonces te regalo esta canción.
Esta canción que te hará recordar los momentos tan felices del ayer.
Esta canción que abrirá caminos en tu corazón.
Quisiste esconder tu corazón bajo siete llaves, tenías miedo de amar
y volver a perder; esta vez tú eres la triunfadora, la ganadora
del amor, que yo pongo a tus pies.
Juntos caminamos bajo el sol, juntos veremos un nuevo amanecer.
Esto es el principio de algo que no tendrá fin.
Esto es como la flor que abre sus pétalos al sol.
Escucha mi canción y no rechaces mi amor.
No te lleves el sol que a mi llegó con tu amor.
No te lleves la luz que necesito para vivir.
Hoy llegó el final de tu sufrimiento, pero
tú tienes que confiar y demostrar que aceptas
mi canción y con ella mi corazón.
(Nota: ¡Qué bonito seria que alguien le pusiera música!)

Siempre en mi Corazón

Mis muertos no me asustan, yo los busco y lloro.
Ellos están siempre en mi mente y en mi corazón.
Mis ojos están secos de llorar por ellos.
Mis hijos y mi esposo me hicieron tan feliz.
¡Qué belleza de familia!, me decía todo el mundo,
y yo me sentía en las nubes, feliz y alagada.
Un día obscuro y terrible los perdí de golpe,
se fueron al cielo, como del cielo me habían llegado.
Un regalo temporal del que yo quería mucho más.
¡Me dejaron muy solita!
¿Cómo vivir sin su amor y sus caricias?
Mis muertos no me asustan, yo los busco y lloro.
Ellos están siempre en mi mente y siempre en mi corazón.

Sin Cristina

La primera copa no me supo a nada.
La segunda copa, me ayudo poquito.
Pero la tercera, me hizo un gran efecto,
me olvide que tienes, uno y mil defectos.
Y aquí me la paso, en esta cantina
perdido y borracho sin tu amor Cristina.
Esta vida triste no la quiero nada,
porque, como el pez quiero mi carnada.
Me despido amigo, véase en mi espejo
y siga este buen consejo.
A mujer coqueta no le de cabida,
mejor que se busque una abnegada,
que sea buena y fiel como mi Cristina.

Se Rompieron las Cadenas

Veinte años de vivir en las sombras con penas y sobresaltos.
Veinte años de vivir con cadenas alrededor de mi cuerpo.
Veinte años de vivir en una prisión llamada hogar de la que
no me podía escapar.
Veinte años de mentir, fingiendo lo que no sentía, de hacer
lo que no me gustaba, por miedo a que me golpearas.
Veinte años que por fin se han terminado, se rompieron
las cadenas, y la luz llego otra vez a mi vida.
¡Cuántas mujeres, viven sufriendo una condena como la mía,
obedeciendo a un dueño, temiendo por su vida de noche y de día!
¡Cuándo el hogar no es un hogar!
¡Cuándo el esposo, no es quién aparenta ser, amoroso y cariñoso!
¡Cuándo se teme a la verdad, cuando se teme a hablar y no
se puede decir lo que uno siente!
Se aprende a callar, a obedecer sin chistar, sólo la soledad del hogar,
de una jaula sin salida, te acompaña.
¡Tienes una familia respetable, un hogar del cual saldrás: A la tumba!

Seguire Esperando

Palabras de amor y alegría, las primeras palabras de mi hija estarán, por siempre en el alma mía.

Palabras, dulces palabras que valen tanto para mí, que están grabadas en mi alma, que nunca podré olvidar.

Palabras, dulces palabras, que ya no vuelvo a escuchar, sé que ella me quiere, pero se fue lejos, muy lejos a otro lugar.

Palabras, dulces palabras, que me hacían sentir tan feliz, ella volverá un día a decirmelas otra vez.

Palabras, dulces palabras me mantienen viva.

Día con día, las repito, como un rezo salido del alma mía.

Mi linda niña, la razón de mi vida, la que me decía, mis dulces palabras.

Ella creció y voló del nido, pero yo aquí la espero, porque sé que, cuando regrese, encontrara todo, como si nunca se hubiera marchado.

Soñadores

Soñar con un imposible, soñar que hay caminos en el mar,
en donde todos podremos, un día caminar.
Ven a soñar conmigo, dile adiós a tu penar.
¡Haz lo imposible posible y atrévete a soñar!
Soñar que los malditos se han ido y nunca más te podrán dañar.
Soñar que yo soy la reina y tú eres el rey y a todos regalamos pan.
Soñar que las fronteras no existen, y las familias nunca más
sé volverán a separar.
¡Haz lo imposible posible y atrévete a soñar!
Nota de la autora: Dedicado a todos los *Soñadores (DREAMERS)*.

Versos Calientes y de Amor o Noche de Amor y Locura

¡La lámpara! ¡Ya me quemé mi amor!
Tráeme el agua y el alcohol, para calmar mi dolor.
Cuanto cariño y pasión hay a nuestro alrededor,
o ¿Será el dolor de mi quemadura, él que hace tan
grande mi locura?
¡Hay mi amor! Te debo la noche de pasión para otro día.
Perdóname que esta noche de frío no te caliente más
que el cobertor y tus calzones de lana.
¡Qué calamidad! ¡Qué atrocidad!
¡Qué locura y amargura!
Tú tan bonita y lista para la aventura, y yo con esta quemadura
que no me deja levantar mi armadura.
Este caballero andante hoy te falló, mi amor.
¡¿Quién lo iba a decir?!
Yo que a los dragones vencí, hoy me muero de dolor,
por una quemadura; fruto de una lámpara vieja y sin ventura.

Vivencias

Que me llamen bohemia aunque nunca
he pasado mi vida en cantinas.
Que me llamen bohemia porque nací
cantando mis canciones mexicanas.
Que me llamen bohemia porque vivo
del pasado y lo hago mi presente.
Una bohemia solitaria, sin hogar y sin país.
Un día tuve el cielo entre mis manos,
pero se me escapó al cerrar mis ojos.
Un día me llenaron mi casa de flores,
pero el viento las marchitó sin piedad.
Canto y escribo para no vivir el negro
presente que me acecha a cada paso.
Soy paloma sin nido, bohemia sin cantina,
y caminante sin camino.
Les regalo mis vivencias, se las dejo como,
el último regalo de esta mujer bohemia.